科技
改变中国

丛书总主编
倪光南

U0686001

绚丽变革
互联网改变中国

孟昭莉 韩元佳 杨才勇 许晨 著

人 民 邮 电 出 版 社
北 京

图书在版编目（CIP）数据

绚丽变革：互联网改变中国 / 孟昭莉等著. -- 北京 : 人民邮电出版社，2019.9
（科技改变中国）
ISBN 978-7-115-51860-6

Ⅰ. ①绚… Ⅱ. ①孟… Ⅲ. ①互联网络－产业发展－研究－中国 Ⅳ. ①F426.67

中国版本图书馆CIP数据核字(2019)第171674号

内 容 提 要

在过去的 20 多年间，我国的互联网行业革故鼎新，给经济社会带来了变革性的创新，走出了一条特色发展之路，在全球互联网的发展史上留下了浓墨重彩的一笔。

本书回顾了我国互联网行业从萌芽、发展到繁荣的历程，从生活、公共服务、公益、金融、制造等多个领域入手，梳理了互联网给社会带来的全新改变，特别是普惠大众、赋能生产和生活的生动实践，以丰富的案例展示了我国互联网行业创新的发展、实践的勇气、开放的精神和全球化的视野。

本书作者长期追踪、研究互联网行业的变革，立足于互联网行业发展规律的探索，让读者从新的角度重新认识我们身边的互联网，旨在引发全社会对互联网行业的关注与思考，以及对互联网发展前景的期待。

◆　　　著　　孟昭莉　韩元佳　杨才勇　许　晨
责任编辑　刘玉一　韦　毅
责任印制　李　东

◆　人民邮电出版社出版发行　　北京市丰台区成寿寺路 11 号
邮编　100164　　电子邮件　315@ptpress.com.cn
网址　http://www.ptpress.com.cn
北京富诚彩色印刷有限公司印刷

◆　开本：720×960　1/16
印张：15　　　　　　　　　　　2019 年 9 月第 1 版
字数：236 千字　　　　　　　　2019 年 9 月北京第 1 次印刷

定价：69.00 元

读者服务热线：(010)81055552　印装质量热线：(010)81055316
反盗版热线：(010)81055315
广告经营许可证：京东工商广登字 20170147 号

每一次工业革命都会给人类社会带来巨大改变。以蒸汽机和电力为代表的前两次工业革命，主要是对动力的革新；第三次工业革命是信息技术的革命，让人类迈入了信息时代。在这一时代，以互联网为代表的信息技术不断推动着经济社会的变革，改变着人们的生产生活方式，并将推动工业革命的进程。

自走出实验室后，互联网的应用发展首先是从消费领域开始的。如今，我们每天的衣食住行都已离不开互联网。特别是进入移动互联网时代后，互联网随时随地触手可及。

互联网在国外已经发展了近 50 年，但进入我国只有 25 年的时间。尽管起步较晚，我国互联网的发展却非常迅速。我国很多互联网企业通过更深入地结合国情，从一开始的模仿学习到并跑跟随，如今在消费互联网的一些领域已经走到世界领先的位置。

2018 年底，我国手机的普及率已经达到 112.2 部 / 百人。[①] 近几年，我国网民数量的增速显著降低，网民数量已趋近饱和，仅依靠互联网人口红利很难带动行业持续增长。我国在消费互联网领域创造了许多国际领先的案例，但当前消费互联网发展的动能在减弱，互联网的发展面临转型需求。

全球发展目前正处于新旧动能的转换期，人类将迎来第四次工业革命。

---

① 本书中涉及我国的数据未包括港澳台地区。

新时代互联网发展的新动能将主要来自 3 个方面：5G、人工智能和工业互联网。

新动能之一是 5G。2019 年 6 月 6 日，5G 牌照正式发放，我国正式进入 5G 元年。4G 的发展带动了移动互联网的发展，催生了移动支付、共享经济等。从 4G 到 5G，移动互联网仍然会按照峰值速率 10 年 1000 倍发展。5G 瞄准了 3 个应用场景：增强型移动宽带，低时延高可靠通信，广覆盖、大连接，以支撑移动互联网和工业互联网的发展。我国 5G 的商用正好与互联网进入"下半场"同步。

新动能之二是人工智能。人工智能可以提高劳动生产率，拉动消费，提升产品质量。根据有关报告，2017—2030 年，人工智能对劳动生产率的贡献将超过 GDP 的 55%。麦肯锡预测，到 2030 年，人工智能可以为全球额外贡献 13 万亿美元的 GDP 增长，推动 GDP 每年增长 1.2 个百分点。人工智能可比肩 19 世纪的蒸汽机、20 世纪的工业机器人和 21 世纪的信息技术。

新动能之三是工业互联网。互联网经历了 PC 互联网、移动互联网、物联网几个阶段，现在发展到工业互联网的新阶段。工业互联网结合了 IT（互联网技术）和 OT（操作技术），与消费互联网有很大的差异。虽然当前工业互联网形成的新动能还不足以弥补消费互联网动能的减弱，但随着新动能发展的不断加速，工业互联网将不断带动工业和农业应用的发展，还会反过来再促进消费互联网的改进。

相对于发达国家，我国对工业互联网的需求更为迫切。因为美国等发达国家的传统产业相对成熟，而我国许多产业的基础较为薄弱，存在转型升级的需求。在这种条件下，尽管存在一定难度，但整体来看，我国工业互联网的起步不算太晚。消费互联网在全球已经发展了 50 年，未来工业互联网在我国也会有一个很长的发展时期，且存在巨大的市场和需求，前景一片光明。如果我国能有效地抓住发展机遇，就能够利用后发优势实现跨越式发展。现在一些领域已经开始呈现出这种趋势。

国内互联网的发展风力未减，且新风向兴起。互联网已经深刻地改变了中国，深度融入社会生活的方方面面。一方面，衣食住行的需求是持续的，用户吃的东西、用的东西不会因为经济的"冷"和"热"就有很大变化。另一方面，我们在教育、医疗、养老、旅游方面还有很大的发展空间，社会生活的快节奏激活了网民对"短平快"新业态的追求，短视频、小程序等风头正旺。人们除了物质需求在增长，精神文化层面的需求也在增长，涉及文化、娱乐、安全、和谐环境、生态环境等方面。互联网可以在这些方面发力。

创新是互联网永恒的主题，未来将有更多新的技术不断融入互联网，互联网从名称到内容都可能不断发生变化。不过，技术的发展总是一把双刃剑，在带来积极影响的同时，也会带来一些新的问题，特别是新的安全风险。互联网发展过程中，安全风险问题是永远存在的，没有终极解决方案，只能不断去应对。未来互联网的安全将不仅仅是单个企业的安全问题，而是涉及整个行业乃至国家和世界的重大安全问题。只有设备供应商、互联网安全企业、电信运营商、政府等实现信息的共享和联动，才能有效地应对网络安全的问题。除了网络安全的挑战，我国在芯片等一些基础技术发展上还存在不足，还有一些高端核心技术严重依赖发达国家，这有可能带来国家战略层面的安全问题。我们需要加强对这些基础技术的研究，将技术发展的底牌牢牢控制在自己手上。

此外，随着发展的深入，互联网将越来越多地涉及相关的法律及道德伦理问题，这也需要引起更多的关注。对此我们既不能监管过严，制约行业的创新发展，也不能放任不管，使得风险放大。我们在面对技术创新时，需要拥有更高的管控智慧。

总之，经过几十年的发展，互联网从起步、发展到转型，已开始进入新的发展阶段。对于如何看待过去互联网的发展经验，分析互联网给中国带来的改变以及未来在中国的发展趋势，《绚丽变革：互联网改变中国》这本书进行了一定的归纳和总结，给我们提供了一些有益的参考。未来，挑战与机会共存，我们看得见风光，也要经得起风险的考验。成功不能靠复制别人的模式，创新才是永恒的主题。希望更多有识之士加入，借助大数据、人工智能、云计算、5G 和移动互联网带来的机遇，共圆网络强国之梦。

中国工程院院士，中国互联网协会理事长

2019 年 8 月

互联网在过去的 20 多年间给我国带来了翻天覆地的变化。我们这一代人，从"286 电脑"的 DOS 操作系统开始进入信息时代，从拨号上网开始连接世界。我们见证了电子邮件替代信封邮筒，成为每日工作中不可或缺的沟通工具，也见证了基于移动通信设备的各种强大 App，通过连接赋能……互联网改变了我们生活的方方面面，也给社会带来了巨大的变革，在发展的过程中，它不断冲向新的高峰，却还远未登顶。

在互联网领域从业多年，我很幸运能够沉浸于行业之中，亲历我国互联网行业发展给时代带来的深刻变化，见证网络信息技术给社会带来的创新成果。此次，我受人民邮电出版社的委托，撰写"科技改变中国"主题出版项目中的《绚丽变革：互联网改变中国》一书，立足当下，回顾和展望，系统地剖析互联网是如何撬动各个行业、各个领域的资源，又是如何通过数字连接实现降本增效、精耕深耕、扩大市场容量的，心中倍感荣幸。十分感谢人民邮电出版社顾翀社长和张立科总编辑的精心策划，以及学术出版中心王威总经理和本书责任编辑刘玉一、韦毅的精心组织。

本书的整体脉络结构如下。第一章概述我国互联网发展的整体历程和成功要素。第二章展示我国"互联网＋"行动计划的政策实施及落地细则。第三章从互联网改变物质生活和精神生活着手，呈现零售、出行、娱乐、教育等领域由互联网带来的新业态。第四章聚焦受互联网影响的人群，展现互联网通过技术普惠，给不同人群的生活带来的真切变化。第五章呈现互联网带来的公共服务效率的提升，变"群众跑腿"为"信息跑路"，为公众提供了更简便、更高效、体验更好的公共服务。第六章特别关注公益领域，互联网降低了公众参与公益活动的门槛，让公益活动的参与方式和实现方式更具创意，并通过透明的信息披露机制构建信任关系，帮助公益事业更加健康有序地发展。第七章展现互联网给金融业带来的改变，我国的金融科技发展全球领先，商业模式的创新让世界瞩目。第八章着重分析互联网与可持续发展的关系，我国在互联网助力农村发展、振兴"三农"方面的经验可以为不发达国家提供借鉴，从而助力其他经济体携手并进，迈向网络空间命运共同体。第九章预测工业互联网是我国互联网下一个十年发展的关键，数字经济将深入制造业的各个流程与环节之中，通过数字化流程改造、数字与实体世界的完美融合，释放出巨大的动能。

能够完成本书的写作，要感谢几位合作者：我的前同事杨才勇和许晨，以及我的朋友韩元佳。能和这些有敏锐洞察力的人士共同完成本书的撰写，是非常快乐的经历。他们都在各个细分行业中深耕已久，对行业的发展有独到的见解，既能充分理解业务开拓的出发点与痛点，又能洞察并提炼行业发展的通用模式与规律。感谢中国电子信息产业发展研究院电子信息产业研究所副所长陆峰博士，他对"互联网＋"行动计划以及互联网时代下的新挑战与新应对的透彻剖析让本书的内容更具战略高度。感谢网络空间安全战略预警与决策支撑工业和信息化部重点实验室副主任张传新对互联网潜藏的风险隐患的专业分析，帮助我们更加深刻地理解互联网，居安思危方能行稳致远。此外，我还要特别感谢前同事翟红新、孙懿、曹鹏、李刚等给予我的大力帮助。在他们的帮助下，我完善了书中很多案例的细节与数据，也正是他们将在互联网行业从业多年的经验与心得无私分享，让本书的案例贴近商业的生动实践。

　　最后，感谢我们身处的这个时代，让我们能够亲历我国诸多科技行业的崛起与壮大。在我国互联网发展的这 20 多年中，科技工作者在各个领域中的探索与实践，无论成功与失败，都会在全球可持续发展的过程中留下一个个默默闪光的痕迹。

2019 年 7 月

101　第五章　互联网提升公共服务效率

第一章

互联网创造经济发展新模式

本章导览

◆ "互联网＋"为经济发展注入新动能。当前，传统经济的发展遇到诸多问题，互联网及相关技术的发展成为经济增长新旧动能转换的关键，也为我国经济增长带来了新模式。

◆ 互联网通过数字连接，以数字信息的投入取代实际物质资源的投入，从成本、效率、模式及产业链等方面重塑传统产业，从而成为实体经济增长瓶颈的突破点。

◆ 经过 20 多年的发展，我国的互联网经济从追赶到并跑跟随，再到如今在某些领域引领全球互联网经济的发展；商业模式层出不穷，在社交、电子商务、金融科技等诸多细分领域的创新已经成为全球典范。

◆ 互联网正深刻改变中国。我国互联网的发展之所以能够取得巨大成功，源于经济体量、人口优势、后发优势、竞争环境及政府推动等多方面的因素。

引言

近年来，我国的互联网发展取得了举世瞩目的成就。互联网作为一种强有力的技术、工具，助推我国经济实现高速增长和高质量发展，当前，互联网产业已经成为各大产业中增长的亮点。互联网及相关技术的发展成为我国经济增长新旧动能转换的关键。

1.1　互联网推动我国经济增长新旧动能的转换

随着经济社会的不断发展变化，拉动我国经济增长的传统动能正在衰减，而国情决定了我国不可能走发达国家传统工业化发展的老路，必须寻找一条能实现经济可持续发展的新路径。互联网带来了数字经济的发展，推动着经济增长新旧动能的转换，发展互联网经济成为全球经济实现可持续发展的优选路径之一。

1.1.1　动能转换的需求及资源困境

2018 年，我国 GDP 总量已达到 90 万亿元，较 1978 年增长超过 240 倍，剔除通货膨胀等因素后的实际增长也达到 36 倍。我国经济持续的高速增长创造了世界经济史上的奇迹。然而，回顾来路，并非一切都一帆风顺；放眼未来，如果一成不变，也难以继续一路高歌。

2008 年，国际金融危机爆发之后，全球经济的增长速度放缓甚至开始负增长，拉动我国经济快速增长的外需动力迅速萎缩。2009 年，我国出口总额大幅下滑。此后，随着全球经济形势的逐步回暖，出口情况有所好转。

但从外部形势看，金融危机爆发后，欧美、日本等发达国家和地区的经济增长速度趋缓。这些国家和地区试图通过推进"再工业化"重振制造业，削减贸易赤字，平衡"虚""实"经济。在此背景下，国际贸易摩擦不断增加，各种国际贸易规则也面临重构。我国出口保持多年的高速增长已经很难维持，加之国内房地产等市场的调整，我国经济进入了增长速度换挡期、结构调整阵痛期和前期刺激政策消化期，经济增长速度整体上持续放缓。到了 2019 年第二季度，GDP 同比增长速度降至 6.2%，见图 1-1。

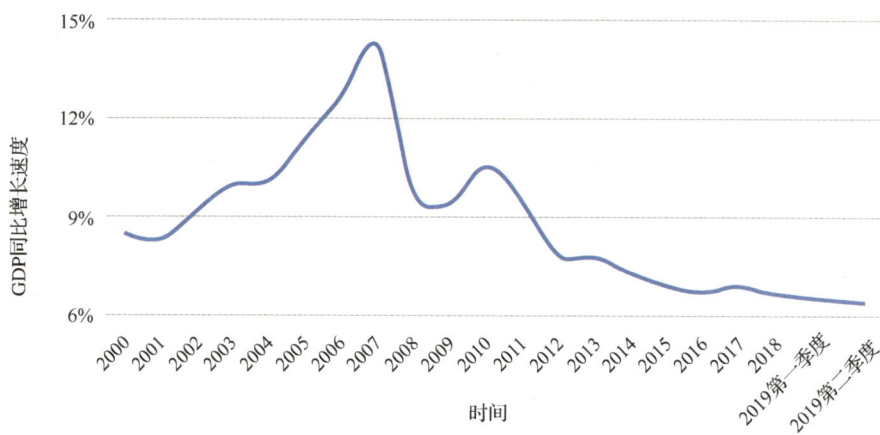

图 1-1　我国 GDP 同比增长速度的变化

（来源：国家统计局）

外需动力萎缩的同时，劳动力、资本、土地等传统生产要素对经济增长的边际拉动作用也在减弱。经济面临的下行压力加大，环境对资源消耗的承载能力几乎也达到极限。我国能源资源总量很大，但由于人口基数庞大，目前我国人均资源占有量仅为世界平均水平的 58%，居世界第 53 位。国情决定了我国不可能走发达国家"先污染，后治理"的传统工业化发展道路，否则无论是资源还是环境的承载能力，都无法支撑经济社会的现代化发展，必须寻找一条资源更省、效率更优的现代化发展道路。这对经济增长新旧动能的转换进一步提出了迫切要求。

1.1.2　动能转换的突破点

互联网通过数字连接，以数字信息的投入取代实际物质资源的投入，从成本、效率、模式及产业链方面重塑传统产业，从而成为实体经济增长瓶颈的突破点，成为推动中国乃至世界经济增长新旧动能转换的关键因素。

1. 降低产业运行成本

互联网降低了产业运行成本，主要体现在以下几个方面。

一是产业运行不再基于物理介质，而是基于数字化的信息，这样能够突破时空限制，大幅提高信息连接的效率，降低信息的不对称程度以及时空交互成本。

二是通过对产业生产要素和运营流程的数字化改造，能够对生产和经营环节进行精准预测、优化布局、精细化运营、实时反馈并反复修正，提高产业自动化、智能化处理水平，从而提高产业的运行效率，降低运行成本。

三是在互联网模式的驱动下，产业运行不再依赖物理网点和人力等传统要素，产业服务的边际成本可趋近于零。尽管初期需要投入大量的固定研发成本，但随着规模的增长，单笔服务的成本能够大幅降低。

2．提高产业产出效率

互联网及相关技术通过与各个产业的深度融合，对产业进行信息化、数字化和智能化的改造，能够不断沉淀和积累产业的先进经验和技术，从而更好地进行迭代优化。同时，互联网对时空限制的突破使得产业能够以极低的成本，大幅提高复制和应用这些经验、技术的效率，形成强大的规模化复用能力。这种效率的提升，使得产业发展能够突破人力等传统资源要素投入的束缚，大大提高要素投入的弹性和灵活性，在不增加物质资源要素投入的情况下，显著提高产业的产出效率。互联网及相关技术已成为突破传统产业经济资源利用瓶颈、大幅提高投入产出效率的有效工具。

3. 创新产业服务模式

互联网经济侧重以用户为中心，通过创新产业服务模式，提升用户体验，主要体现在以下两个方面。一是互联网及相关技术能够提高产业的生产能力，降低用户服务成本，促进产品服务创新，从而提高用户服务的便捷性和精准性。二是互联网及相关技术能够提高产业的服务水平，大大增加服务供给容量，让更多用户能够获得更好的服务。用户有了更多选择权，就促进了用户权力的崛起，服务机构必须更多地以用户为中心来构建产品服务，促使服务从"用户找服务"向"服务找用户"转变。

以金融产业中的信贷为例，在互联网及相关技术的助力下，用户能够获得 7×24 小时在线服务，审批周期也从过去的以月、周计算缩短至以分、秒计算。同时，随着管理效率的提升，用户可以获得差异化的信贷利率，期限也更加灵活，甚至可以随借随还。用户能够更加精确地规划资金借贷的时间周期，减少因资金沉淀带来的不必要浪费，节约了利息成本。对于服务机构来说，虽然单个客户的利息收入减少了，但能够通过提高整体资金使用效率等方法来增加收入。

4．重构产业价值链

互联网对于产业价值链的重构也起着重要的作用。从纵向来看，依托互联网可降低信息的不对称程度，缩减无效的价值链环节，提高产业效率，零售电商正是代表案例；互联网使得连接共享效率大幅提升，进一步推动了产业价值链的专业化分工，将有更多企业依靠创新和专业能力更加聚焦于价值链中的某个环节，并通过企业间的连接共享提升整个价值链的效率。从横向来看，互联网带来了不同价值传递渠道的融合创新，例如线上线下的无界融合；还带来了不同产业的跨界融合创新，如金融服务的场景化融合。随着用户权力的不断崛起，融合创新的趋势会进一步凸显。

1.1.3　我国互联网的发展历程

20 世纪 90 年代以来，我国互联网经历了多个发展阶段，走出了一条从最初的起步追赶到现在在某些领域超越引领的发展之路。

Web 1.0 门户网站时代是从 1994 年到 2000 年。1994 年 4 月 20 日，我国接入国际互联网，正式成为"有互联网的国家"；之后，1997—2000 年，四大门户网站网易、搜狐、新浪、腾讯以及搜索引擎百度相继建立。以门户网站和搜索引擎为代表的 Web 1.0 时代，主要特征是利用互联网解决信息的单向连接和传递问题，降低各个领域的信息不对称程度。

Web 2.0 社交网络时代是从 2001 年到 2008 年。该时代以博客、SNS、论坛等社交网络的崛起为代表，其主要特征是从 Web 1.0 时代的单向信息传递向双向信息连接发展。UGC（User-generated Content，用户生成内容）模式、平台模式等开始兴起。同时，电子商务、游戏等互联网的细分领域也快速发展起来。

移动互联网时代是从 2009 年到 2014 年。随着智能手机等硬件设备以及 3G 网络等网络基础设施的发展，互联网开始进入移动时代。2013 年，移动互联网市场呈爆发式增长。这个时代，微博、微信等移动社交应用不断兴起；美团、糯米、拉手网开始团购大战；支付宝、微信支付等移动支付方式不断渗入人们生活的方方面面。

"互联网 +"全面发展时代是从 2015 年开始的。2015 年 3 月，"互联网 +"被正式写入当年的政府工作报告。随后《国务院关于积极推进"互联网 +"行动的指导意见》出台，提出了十一大重点行动，全面推动互联网、物联网、云计算、大数据、人工智能等相关技术与各个行业的全面融合发展。

此后我国互联网行业持续高速发展，2015 年到 2019 年第二季度的这段时间里，信息传输、软件和信息技术服务业的增速，除 2015 年略低于金融业外，其余时间均位居各大行业之首（见表 1-1），远远高于整体的经济增长水平。由此可见，互联网成为拉动我国经济增长的重要动力。

表1-1　我国GDP及各大行业增速变化情况

我国 GDP 及各大行业增速	2015 年	2016 年	2017 年	2018 年	2019 年第二季度
GDP/%	6.9	6.7	6.9	6.6	6.2
农林牧渔业 /%	4	3.5	4.1	3.6	3.4
工业 /%	6	6	6.4	6.1	5.6
建筑业 /%	6.8	7.2	4.3	4.5	5.1
交通运输、仓储和邮政业 /%	4.1	6.6	9	8.1	7.3

续表

我国 GDP 及各大行业增速	2015 年	2016 年	2017 年	2018 年	2019 年第二季度
批发和零售业 /%	6.1	7.1	7.1	6.2	6.0
住宿和餐饮业 /%	6.2	7.4	7.1	6.5	6.4
金融业 /%	16	4.5	4.5	4.4	7.6
房地产业 /%	3.2	8.6	5.6	3.8	2.4
信息传输、软件和信息技术服务业 /%	14.8	18.1	26	30.7	20.1
租赁和商务服务业 /%	9.2	11	10.9	8.9	7.3
其他服务业 /%	8.2	7.5	7.1	6.3	5.5

来源：国家统计局。

数据显示，截至 2018 年 5 月 29 日，全球前 20 个市值或估值最大（TOP 20）的互联网公司被中美包揽，其中我国有 8 个，美国有 12 个。而在 2013 年，在 TOP 20 互联网公司中，还是美国一家独大，占据 13 个席位，我国仅有 3 个席位。剩下的 4 个席位，日本占了 2 个，俄罗斯 1 个，韩国 1 个。2013 年和 2018 年全球 TOP 20 互联网公司的变化情况见图 1-2。

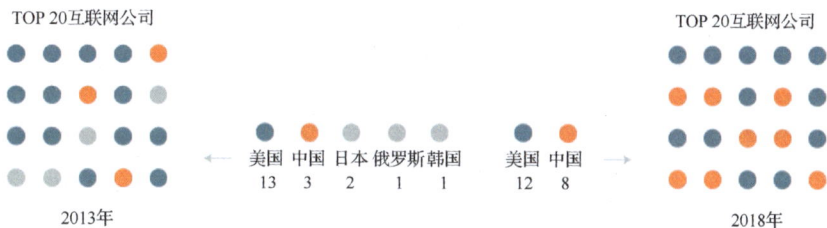

图 1-2 2013 年和 2018 年全球 TOP 20 互联网公司的变化情况

（来源：Visual Capitalist）

经过 20 多年的发展，我国已成为全球互联网中心之一，我国的互联网经济从追赶转变到并跑跟随，如今已在某些领域引领全球互联网经济的发展。

1.2 互联网在我国成功的要素

我国互联网发展之所以能够取得巨大成功，具有多方面的要素。

1.2.1 基础要素：经济体量

自改革开放以来，我国经济持续快速增长，已经形成了庞大的经济体量。国家统计局的数据显示，2018 年，我国国内生产总值达到 90 万亿元，比 2017 年增长 6.6%，人均国内生产总值 64 644 元，比 2017 年增长 6.1%。

随着经济的快速增长，我国经济地位也在持续提升。世界银行的数据显示，1991 年，我国经济总量全球排名第 11 位，1994 年升至第 8 位，1996 年升至第 7 位，此后继续一路上升，2000 年超过意大利，2005 年超过法国，2006 年超过英国，2007 年超过德国，2010 年超过日本跃居全球第二，排名一直保持至今。当前全球经济总量 TOP 6 国家近 20 余年的 GDP 变化见图 1-3。同时，我国与美国之间的经济差距不断缩小，美国与中国的 GDP 比值由 2010 年的 2.5 缩小至 2017 年的 1.6，见表 1-2。

我国庞大且快速增长的经济体量为互联网经济的发展打下了坚实的基础。这主要体现在以下几个方面。

第一，足够大的经济体量才能够支撑互联网与不同行业结合产生规模经济效应，特别是在需要与物理世界相融合的互联网经济领域。以电子商

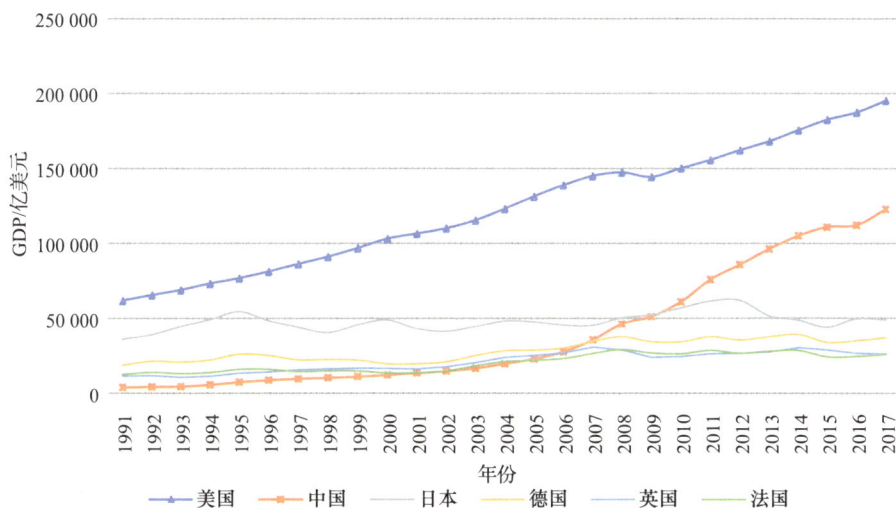

图1-3　当前全球经济总量 TOP 6 国家近 20 余年的 GDP 变化

（来源：世界银行）

表1-2　中美经济总量及全球排名对比

年份	美国 / 亿美元	美国排名	中国 / 亿美元	中国排名	美国 / 中国（GDP 比值）
1991	61 740	1	3834	11	16.1
1992	65 393	1	4269	10	15.3
1994	73 088	1	5643	8	13.0
1996	81 002	1	8637	7	9.4
2000	102 848	1	12 113	6	8.5
2005	130 937	1	22 860	5	5.7
2006	138 559	1	27 521	4	5.0
2007	144 776	1	35 522	3	4.1
2010	149 921	1	61 006	2	2.5
2011	155 426	1	75 726	2	2.1
2012	161 970	1	85 605	2	1.9
2013	167 849	1	96 072	2	1.7

年份	美国/亿美元	美国排名	中国/亿美元	中国排名	美国/中国（GDP比值）
2014	175 217	1	104 824	2	1.7
2015	182 193	1	110 647	2	1.6
2016	187 072	1	111 910	2	1.7
2017	194 854	1	122 377	2	1.6

来源：世界银行。

务为例，它不仅要解决数字空间的信息流、资金流问题，还需要解决物理世界的物流问题。这就需要庞大的仓储物流基础设施来支撑，这些基础设施的建设需要大规模的投入，只有足够庞大的交易量才能有效摊销这些资本投入，从而产生规模经济效应。

第二，庞大的经济体量为互联网经济的快速产业化、商业化提供了基础。这背后主要有两层含义。一是由于我国经济体量足够大，具备庞大的市场空间，各领域不断创新的互联网经济能够在某个地区快速测试完善后，迅速向其他地区规模化复制。这种规律也符合风险投资的需求，这意味着会有更多的资本进入该领域，从而使得各类创新能更好地进行商业转化。二是雄厚的经济基础意味着背后有庞大且完善的产业体系，能够为互联网经济的发展提供支持。以智能手机为例，由于我国具备了完整的制造业体系及产业链，本土企业能够在此基础上快速创新，推动智能手机价格迅速平民化，从而助推了移动互联网在我国的快速发展。

第三，庞大的经济体量能够更加充分地发挥互联网的长尾效应。互联网具有初期固定成本投入高、边际成本趋近于零的特征，因此，互联网经济必须形成足够大的规模才能产生经济效益，规模越大，效益就越显著。

经济体量足够大的优势在于，即使是一些细分的领域也能聚集起足够的规模，从而产生经济效益。这就为互联网经济的创新提供了巨大空间，能够更好地发挥互联网的长尾效应，形成非常完善的互联网经济体系。

第四，我国不仅具有庞大的经济体量，同时还处于快速发展的过程中，经济增速持续位居全球各大经济体前列。这种快速发展的经济环境，既意味着需求侧对各种产品服务的需求在快速增长，也意味着供给侧的发展在快速进行，市场机会多而且发展空间巨大，为互联网经济的发展提供了强大的动力。

1.2.2　核心要素：人口优势

1. 人口总量优势

1993 年，乔治·吉尔德提出了关于网络的价值和网络技术的发展的梅特卡夫定律，即一个网络的价值等于该网络内的节点数的平方。在进入物联网时代之前，互联网的节点以人为主，网络连接的人数越多，整个网络的价值也就越大。而我国是世界上人口最多的国家，庞大的人口基数为互联网的发展打下了坚实的基础。

中国互联网络信息中心（CNNIC）发布的数据显示，截至 2018 年 12 月，中国网民规模达 8.29 亿，全年新增网民 5653 万，互联网普及率为 59.6%；手机网民规模达 8.17 亿，全年新增手机网民 6433 万。

依照麦肯锡 2016 年发布的数据，对比其他国家，我国的网民数量超过了欧盟国家和美国网民数量的总和，网民数量对比见图 1-4。2016 年，我国拥有 6.95 亿手机网民（占当年我国网民总数的 95%），而欧盟国家仅有

3.43 亿（占其当年网民总数的 79%），美国仅有 2.62 亿（占其当年网民总数的 91%）。尽管欧美等发达国家互联网普及率已达到 80% 左右，但由于人口总量较少，其网民规模依然较为有限。

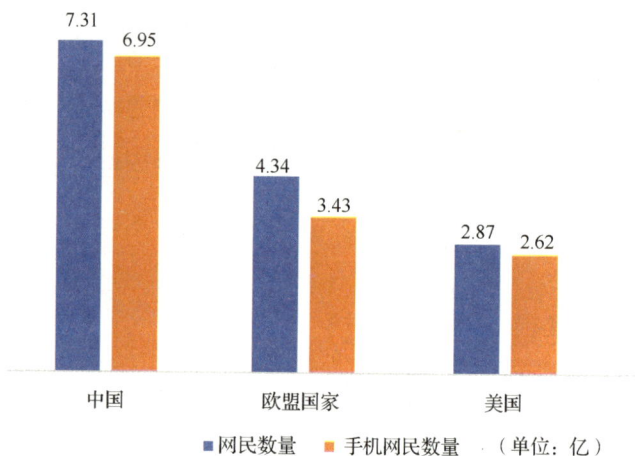

图 1-4　2016 年中国与欧美国家网民数量的对比

（来源：麦肯锡于 2017 年 8 月发布的研究报告《中国数字经济如何引领全球新趋势》）

　　我国人口及网民数量上的优势为互联网产品及应用的发展奠定了坚实的基础。截至 2017 年 6 月，我国网络购物用户达 5.1 亿，手机购物用户达 4.8 亿，直播用户达 3.4 亿，网络外卖用户达 2.95 亿，几乎每一个垂直领域的用户数量都超过了美国的网民总数，这对于规模效应十分显著的互联网经济来说尤为重要。以互联网为基础，构建网络购物、网络视频、网络直播、网络社交等不同的虚拟场景，就如同构建了数字世界中的超级城市，可聚集起数亿乃至数十亿用户，远远超过实体城市的规模效应。

2. 人口年龄优势

　　除了人口数量上的优势外，从年龄方面看，我国网民更年轻。

以 2016 年的数据为例，我国网民平均年龄为 28 岁，美国网民平均年龄为 42 岁，相差 14 岁。我国除总体人口结构偏年轻化以外，高年龄段网民渗透率显著低于美国，这也是我国网民整体更年轻的原因。我国 60 岁及以上年龄段的网民渗透率仅为 12%，而美国 65 岁及以上年龄段的网民渗透率高达 66%。具体比较见图 1-5。

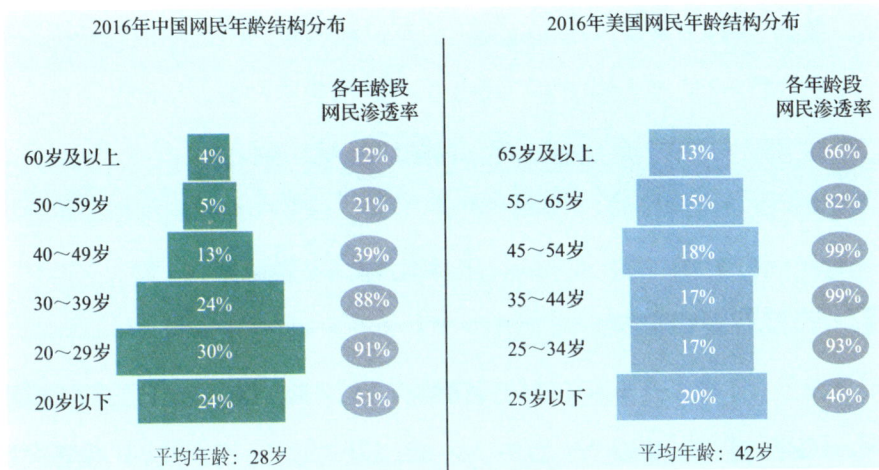

图 1-5　中美网民年龄结构比较

[来源：波士顿咨询公司（BCG）于 2017 年 9 月发布的报告《解读中国互联网特色》]

用户较为年轻带来的好处在于，他们更愿意尝试、接受并能更快地学习新事物，这对于快速变化的互联网经济来说十分重要，互联网产品和应用能够有更多的机会不断试错、快速发展。

3．人口密度优势

我国人口对于互联网发展的优势并不仅仅体现在人口数量与年龄结构上，人口的分布特征也对互联网的快速发展起着重要作用。

2017 年我国人口密度为每平方千米 148 人，约是全球平均人口密度（每平方千米 58 人）的 2.6 倍，与主要发达国家的人口密度相比，低于日本（每平方千米 348 人）、德国（每平方千米 237 人），显著高于美国（每平方千米 36 人）。在全球人口数量 TOP 20 的国家中，我国人口密度排名第十，处于中游水平。

从整体上看，我国人口密度显著高于全球平均水平，与其他人口大国相比，处于中游水平，并不十分突出。不过我国较为特殊的地理结构，以及区域及城乡经济差异等因素，导致人口分布很不均匀。从地域来看，我国人口主要分布在东南部地区，西部内陆地区人口较少。

这种分布差异在城乡之间体现得更为明显。《2016 年城市建设统计年鉴》披露的数据显示，2016 年，我国共有 657 个设市城市，城区面积合计达到 19.8 万平方千米，仅占全部国土面积的 2%，城区总人口（含暂住人口）合计达到 4.77 亿，占当年年底总人口数的 34.5%，全国设市城市的人口密度达到每平方千米 2408 人。其中城区人口超过 100 万的大城市（含特大和超大）达到 75 个，超过 500 万的特大和超大城市达到 8 个。

尽管我国城镇化率刚达到 60%（2018 年数据），仍有很大的提升空间，但由于人口基数庞大，我国已经形成了巨大的城市群。600 多个设市城市以 2% 的国土面积，承载了超过全国人口数 1/3，接近 5 亿的人口。无论是人口总量还是人口密度，在全世界都非常罕见。

这种人口分布特征对于电子商务、网络外卖、网络打车、共享单车等需要线上线下融合的行业的发展十分重要，因为只有达到了一定的人口密度，才能够在线下服务部分产生经济性，并且只有在足够大体量的支撑下，才能有效产生规模经济效应。我国庞大的城市群及城市人口为互联网经济的发展提供了良好的基础。

4. 劳动力成本优势

与制造等行业在土地、厂房、生产设备等方面投入较高不同，互联网是一个对人力资本投入较高的行业，其涉及的人力既包括技术研发型劳动者，也包括蓝领体力型劳动者。

目前我国整体劳动力成本远低于欧美等发达国家。我国不断发展的高等教育培养了庞大的高等教育人群，满足了对技术研发型的人力需求。2018 年，我国大学毕业生人数达到 820 万，代表时代前沿的 IT 行业成为众多学子毕业后的首选行业。同时，接近 3 亿的农民工人群为满足对蓝领体力型的人力需求打下了基础，支撑起电子商务、网络外卖等高人力需求行业的快速发展，这在欧美等发达国家几乎是不可想象的。劳动力成本的优势成为推动我国互联网经济发展的重要因素。

总之，我国不仅是全球人口数量最多的国家，人口年龄结构也相对更为年轻化，庞大的人口数量为互联网产品和应用的规模化提供了基础，年轻化的人口结构更有利于互联网的迅速普及。同时，尽管我国幅员辽阔，但特殊的地理、经济等特征，使得大量人口向主要城市集中，形成了高人口密度的庞大城市群，这也为互联网经济的规模化提供了支撑。此外，我国具有的劳动力成本优势也推动了互联网的快速发展。

1.2.3　发展要素：后发优势

后发优势是我国互联网成功发展的另一个重要因素。

由于经历了长期的发展积累，欧美等发达国家在很多领域已经具有很高的成熟度，互联网对其传统产业的改变是渐进式的。而我国仍然是一个发展中国家，尚未完全完成城市化与工业化进程，部分行业的发展还相对滞后。由此带来的好处是，没有传统产业的桎梏与包袱，能够直接利用互联网改造传统产业模式，形成更加高效的生产方式，大幅改善和提高传统产业的效率，实现跨越式发展，从而推动互联网经济的快速发展。这在零售、金融等领域体现得尤为明显。当前我国的电子商务和互联网金融，无论是规模还是发展速度，都已居于全球领先地位。

1. 电子商务

发达国家的现代零售体系已经发展了上百年，而我国的传统零售体系发展相对滞后，难以满足消费者的需求，直到 20 世纪 90 年代现代零售体系才陆续出现。到 2005 年，我国每千人零售营业面积仅为 18 平方米，而美国同期高达 1105 平方米。当时我国的零售业态中 53% 为传统独立型零售渠道（如独立经营的"夫妻店"），现代化程度很低。

随着互联网基础设施的不断完善，加之前文提到的人力成本优势等因素，更加高效的电子商务获得契机，在我国快速发展起来。借助于互联网，电子商务提高了商品服务和零售的效率，减少了信息的不对称程度，使得不同区域的不同人群能够更加便捷、公平地获得更多、更优质的消费品，进一步提升了用户的消费体验。

在这样的背景下，我国的电子商务飞速发展。2018 年，我国实物商品网络零售额达到 70 198 亿元，比上年增长 25.4%，占社会消费品零售总额的 18.4%。网经社的数据显示，2009 年，我国网络零售额仅为 2600

亿元，但近 10 年间网络零售额增长近 27 倍，发展速度远超欧美等发达国家。2014 年，我国网络零售的渗透率达到 9.9%，首次超越美国，此后该差距继续拉大，具体见图 1-6。

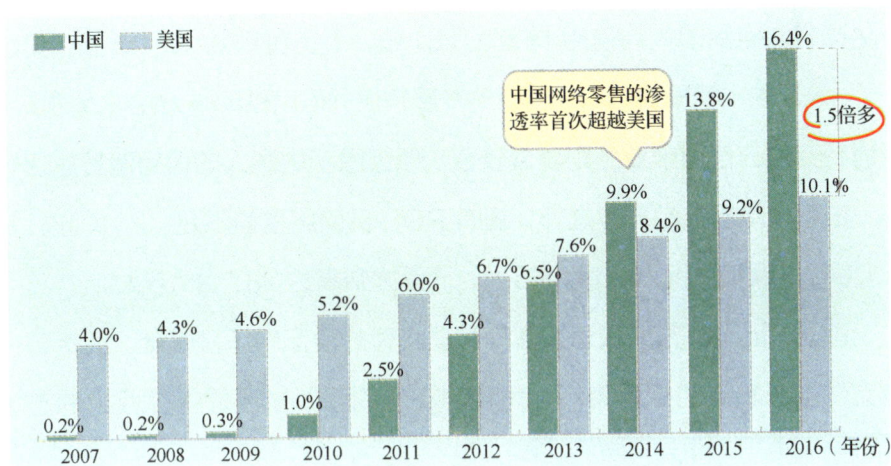

图 1-6　中美两国网络零售渗透率的比较

（来源：BCG 于 2017 年 9 月发布的报告《解读中国互联网特色》）

2. 移动支付

互联网金融是我国互联网经济发展的另一个突出领域，其中又以网络支付特别是移动支付最为突出。

2018 年，我国移动支付业务共 605.31 亿笔，金额 277.39 万亿元，与 2013 年相比，增长近 28 倍，复合增长率高达 194%。根据著名咨询机构 Forrester 的报告，2016 年美国移动支付交易额仅 1120 亿美元，且增速相对缓慢。我国移动支付的发展规模和速度都已远远超过了美国。

我国移动支付的快速发展也与后发优势有很大关系。改革开放以来，我国支付体系的基础设施建设快速发展，但由于我国现代金融业起步较晚，而金融机构也将精力更多地放在利润较高的对公业务上，故针对消费者服务的零售金融发展较慢。

2016 年，我国人均借记卡达到 4.47 张，大幅超过美国及其他主要发达国家，但我国人均信用卡仅为 0.31 张，而美国则高达 3.16 张，见图1-7。这反映出我国银行的发卡业务发展较快，但以借记卡为主，而更多用于消费支付的信用卡业务则发展较慢。原因除了中国人的信用消费意识较弱、银行风险管控较严等之外，还有 POS 机网络覆盖不足。2011 年，我国 POS 机保有量仅为 36 台 / 万人，而美国则高达 287 台 / 万人。

我国借记卡业务的快速发展为移动支付的发展打下了基础。而传统金融支付服务发展的相对滞后，为移动支付的创新发展提供了巨大的市场空间。

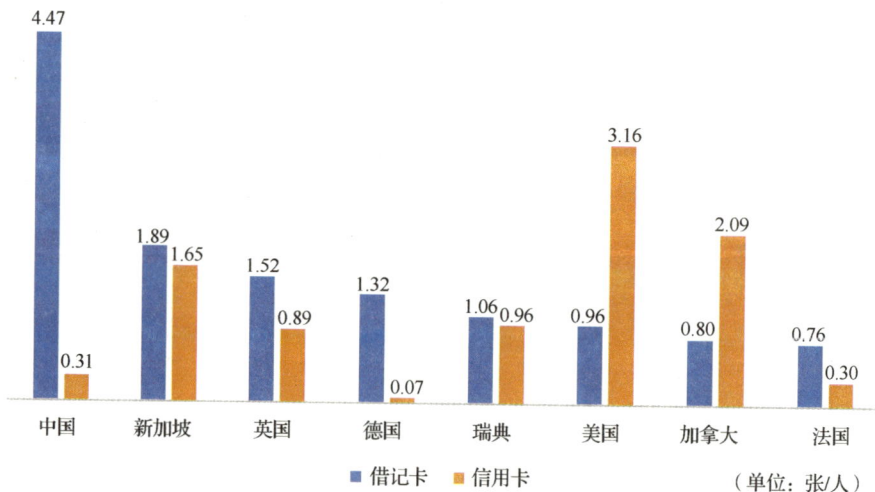

图 1-7　2016 年各国借记卡及信用卡人均持卡量

（来源：Wind，恒大研究院）

后发优势不是推动我国互联网经济发展的核心因素，但为我国互联网经济的发展提供了巨大的市场空间，助推其实现跨越式发展。

原有互联网应用的不断发展也为新的行业及业态发展打好了基础，特别是那些涉及面广泛的互联网应用产品，例如电子商务、支付、社交等。以移动支付为例，2016 年，我国移动支付比例达到 77%，在全球遥遥领先，见图 1-8。移动支付的快速发展，解决了小额支付以及互联网世界与物理世界信息流、资金流的融合问题，从而促生了各种新的商业模式，包括网络出行、知识付费、网络直播等。而移动支付的发展本身也受益于电子商务以及社交应用的发展与普及。我国的互联网经济已经逐步形成了生态效应，原有业态不断发展完善的同时，也在推动着更多新业态的出现和发展。

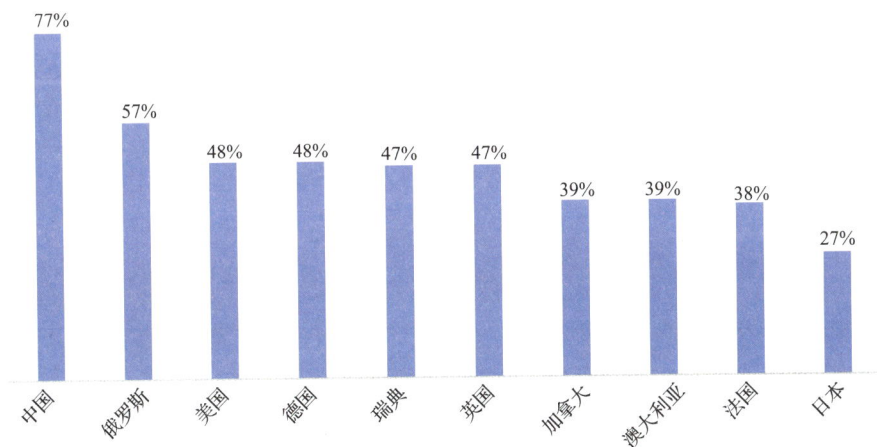

图 1-8　2016 年各国的移动支付比例

（来源：腾讯信息可视化实验室，恒大研究院）

1.2.4 创新动力：竞争环境

互联网行业的激烈竞争成为我国互联网经济快速发展创新的重要推动力。这种激烈的竞争态势从个别行业的发展情况可见一斑。

BCG 研究显示，我国互联网企业数量是美国互联网巅峰期互联网企业数量的 10 倍甚至数十倍，并且数量波动剧烈。我国 2010 年兴起的团购网站，在 2011 年高峰期数量超过了 5000 家（美国从未超过 650 家），3 年后骤减至 200 家；P2P（个人对个人）网贷公司在 2015 年高峰期达到 3400 家（美国从未超过 100 家），之后短短一年便降至 2300 家；网络直播在 2015—2016 年的高峰期时，平台数量也超过 300 家（美国从未超过 50 家）。这些领域无一不呈现出竞争迅速白热化、高峰期企业数量多、企业存活率低的现象。相应地，在我国互联网行业也更容易"一夜成名"。1997—2017 年，在我国的互联网独角兽企业（估值 10 亿美元以上的未上市企业）中，46% 的企业于 2 年内达到该水平，76% 的企业于 4 年内达到该水平，而美国相应的比例仅分别为 9% 和 30%。

我国互联网行业竞争之所以如此激烈，源于多方面的因素。

1. 进入退出门槛相对较低

与制造行业等需要大量土地、厂房、生产设备等要素投入的行业不同，互联网行业主要依靠人力资本的投入，其进入和启动的门槛很低，甚至只需要一个好的想法、几个人，便可以开启创业之路。相应地，互联网行业的这种特征也有利于企业快速退出。这个行业只要存在市场机会，就能够吸引大量社会资源进入，企业在发展过程中可以不断创新、快速试错、迅速调整，从而推动行业的高速发展。

此外，互联网行业本身属于创新的行业领域，发展过于快速，监管机构对互联网行业的限制较少，由此新兴的互联网企业发展具备了相对宽松的监管环境。

2．行业头部效应及资本倒逼

互联网经济的特征使其具有非常显著的头部效应，即每个互联网行业的细分领域中，只有极少数头部公司能获得成功，这在消费互联网领域尤为突出。新的机会一旦被发现，各方参与者就会尽可能地快速抢占市场，占有足够大的市场份额，以产生马太效应，阻止其他竞争者进入。对于互联网这种变化快速、风险极高的行业，初期获得的大多是风险资本的支持。创业投资、风险投资等行业的快速发展推动着我国互联网行业快速发展，而风险资本对产出有着天然追求，这也助推了互联网行业的快速变化。

3．中国人的创新创业精神

中国人具有很强的创新创业精神。这一方面与中国人吃苦耐劳、善于创新的民族特性有关；另一方面，也是因为我国仍然是一个发展中国家，经济还不是很发达，许多人迫切地想改变自身境遇，从而具有更强的奋斗精神。互联网的网络效应能够迅速放大普通创业者带来的改变，从而能够广泛地吸引更多有志于改变这个世界的人的加入。

4．我国互联网创新更偏应用型

BCG 的研究认为，我国互联网行业是更偏重内容、应用及商业模式的应用驱动型创新，而非以原创技术为主的技术驱动型创新。这一方面吸引了为数众多的新创企业加入竞争，容易形成对风口和热点的集聚追逐，竞争更激烈；另一方面也导致了企业行为的差异，例如，更善于挖掘围绕市场需求变化的微创新，追求创新频率和短期见效，因此企业的节奏变化更迅速。

1.2.5 重要保障：政府推动

改革开放几十年来，我国经济高速发展，政府的推动是其中的重要因素。特别是在重大的基础设施领域，政府采取自上而下的政策规划和投入保障，形成了高效的发展机制，助推了经济的快速发展。这一点在互联网经济上也得到了充分体现。

政府通过不断出台相关的政策规划，持续推动互联网基础设施建设及行业发展，例如《2006—2020 年国家信息化发展战略》（2006 年 5 月）、《中华人民共和国国民经济和社会发展第十二个五年规划纲要》（2011 年 3 月）、《国务院关于大力推进信息化发展和切实保障信息安全的若干意见》（2012 年 7 月）、《"十二五"国家战略性新兴产业发展规划》（2012 年 7 月）、《"宽带中国"战略及实施方案》（2013 年 8 月）、《中华人民共和国国民经济和社会发展第十三个五年规划纲要》（2016 年 3 月）等，其中对宽带、移动通信、云计算、大数据、人工智能等领域的基础设施及行业发展规划了多项目标及支持政策，包括加快信息网络新技术开发应用（如 5G、IPv6、大数据、云计算、人工智能等）、推进物联网重点领域应用示范工程等。

2015 年 3 月，国务院首次将"互联网+"写入政府工作报告，要求"制定'互联网+'行动计划，推动移动互联网、云计算、大数据、物联网等与现代制造业结合，促进电子商务、工业互联网和互联网金融健康发展，

引导互联网企业拓展国际市场"。当年 7 月印发的《国务院关于积极推进
"互联网＋"行动的指导意见》提出了十一大重点行动，推动了互联网与各
行各业的融合创新发展。

此后，"互联网＋"以及数字经济连续出现在政府工作报告中，得到持
续推进。在我国特有的区域经济竞争机制下，各地政府也纷纷配合、推动
乃至积极抢占"互联网＋"以及数字经济的行业高地。这些政策措施成为
我国互联网经济发展的重要保障。

尾声

我国互联网的发展已经取得了巨大成就，许多领域取得的成果已成为
其他许多国家的标杆。这背后有客观条件的支撑，亦是中国人艰苦奋斗、
开拓创新的结果。互联网及相关技术的发展，为我国的工业化、城市化和
现代化发展提供了更优的路径选择。但我们也必须认识到我国互联网行业
还存在许多问题和不足。最为突出的是互联网创新更加侧重于应用驱动型
创新，更具竞争力的技术驱动型创新不足，这很容易导致在某些关键基础
技术上被"卡脖子"。全球经济社会的发展变化在持续进行，我们会不断面
临新的环境、新的挑战，互联网及相关技术的发展应用正从消费端更多地
向产业端渗透。这既是机遇，也是挑战，需要我们在总结成功经验、认识
问题及不足的基础上不断进取。

第二章

"互联网 +" 行动计划

本章导览

◆ 2015 年 3 月，"互联网 +"行动计划的概念在我国政府
工作报告中首次现身，"互联网 +"正式升级为国家战略，
成为年度政府工作报告中的热词，并在各个行业领域迅
速发展起来。

◆ 从消费生活到产业革命，"互联网 +"通过与第三产业的
紧密融合，促使行业效率显著提升，推动了对第一、第
二产业的升级改革，实现了向第三产业、第二产业和
第一产业的全面渗透。

◆ "互联网 +"的行业解决方案在医疗、政务、生活、金融、
制造、教育、交通等领域不断涌现。随着数字基础设施
的不断完善，互联网正从消费端走向生产端，助力各产
业整体转型升级。

◆ "互联网 +"在积极推进的过程中，面临着数据安全、网
络安全、市场竞争、行业治理等多个方面的挑战。

◆ "互联网 +"的提出不仅给我国各个地区、各个行业带来
了创新的实践和深远的影响，也把独特的经验和创新的
理念带向了全球。

引言

2015年3月,"互联网+"行动计划的概念在我国政府工作报告中首次现身。自此,"互联网+"正式升级为国家战略,也成为年度政府工作报告中的热词。"互联网+"行动计划的发展历程如图2-1所示,从开始落实到对模式进行扩充和完善,再到2019年迎来了全面推进"互联网+"行动计划的新时代。

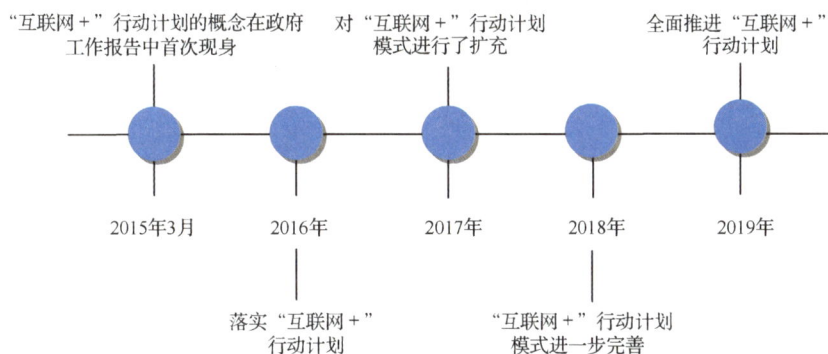

"互联网+"行动计划的概念在政府工作报告中首次现身		对"互联网+"行动计划模式进行了扩充		全面推进"互联网+"行动计划
2015年3月	2016年	2017年	2018年	2019年
	落实"互联网+"行动计划		"互联网+"行动计划模式进一步完善	

图2-1 "互联网+"行动计划的发展历程(2015—2019年)

"互联网+"行动计划首次提出时,互联网的高速发展正在改变我国经济的各个细分领域。云计算、大数据、物联网等新技术快速融入传统产业,在出行、金融等民生领域发展得如火如荼。这一来自民间的词语出现在政府工作报告中,不仅充分说明国家已经意识到互联网在整个国民经济中的重要性,而且表明了我国政府与时俱进的决心。

一个加号,代表互联网已不仅仅着眼于行业本身的发展,它作为一种渠道、技术、工具乃至思维模式,将对我国社会、经济、文化、环境、资源、基础设施等各个方面产生深远影响。"互联网＋"行动计划是一个整体，它不仅成为开展大众创业、万众创新，增加公共产品、公共服务"双引擎"的催化剂，也成为推动中国经济转型升级的"强"动力。

2.1 "互联网＋"行动计划落地

2014 年，在国务院总理李克强召开的经济形势专家和企业家座谈会上，来自互联网行业的企业家们反映了互联网融入具体行业时的发展问题。

2015 年 3 月，政府工作报告指出，要制定"互联网＋"行动计划，引导互联网企业拓展国际市场。这对于那一年的互联网从业者来说意义非凡。"互联网＋"行动计划升级成为国家战略，充分说明了互联网对我国发展的重要意义。互联网不仅将成为像水、电、煤一样的基础设施，成为提升实体经济生产力的重要工具，还将为我国制造业的转型升级提供服务。

2.1.1 获得政府积极推进

2015 年 7 月 4 日发布的《国务院关于积极推进"互联网＋"行动的指导意见》（国发〔2015〕40 号）中列出了"互联网＋"行动计划十一大重点行动，体现了我国政府持续推进"互联网＋"行动计划的信心与决心。

2016 年的政府工作报告中重点强调了"互联网＋创业创新""互联网＋普惠金融""互联网＋协同制造""互联网＋益民服务""互联网＋高效物流""互联网＋现代农业""互联网＋电子商务""互联网＋绿色生态"八大行动方向。"互联网＋政务服务"从"互联网＋益民服务"的大框架中剥离，上升为相对独立的行动方向。

2016年，互联网对于生活的影响已经体现在方方面面，落实"互联网+"行动计划成为关键，创新驱动发展战略纲要和意见成为指导思想。互联网与各行业加速融合，新兴产业快速增长。

2017年3月5日，一个二维码出现在政府工作报告上，扫描后，可以看到2016年政府工作报告中主要指标任务的完成情况，另外，还附有视频和图解，形式活泼，让人眼前一亮。一个小小的改变，不仅体现了互联网时代新媒体的传播特色，也用生动的实践表现了互联网对国民生活的深远影响。"扫一扫"这个互联网时代的特有动作已经深入人心，移动互联网带来的便利可见一斑。

当天，人民日报新媒体端发布的《2017年政府工作报告极简版！只有600字》"刷屏"网络，"人工智能"和"数字经济"成为当年政府工作报告中的热词。这种传播方式的变化从一个侧面体现出国人对互联网的接受程度。2017年的政府工作报告又进一步对"互联网+"的模式进行了扩充，提出在政府事务领域要全面推行"双随机、一公开"机制，增强事中事后监管的有效性，推进"互联网+政务服务"；在创新创业方面，提出要深入推进"互联网+"行动计划和国家大数据战略。

2018年，"互联网+"广泛融入各行各业。大众创业、万众创新蓬勃发展，日均新设企业由5000余户增加到1.6万余户。快速崛起的新动能正在重塑经济增长格局，深刻改变生产生活方式，成为我国创新发展的新标志。政府工作报告中强调，要深化"互联网+政务服务"，各地探索推广一批有特色的改革举措，深化大数据、人工智能等研发应用，培育新一代信息技术、高端装备、生物医药、新能源汽车、新材料等新兴产业集群，壮大数字经济。

2019 年，"互联网 +"连续第五年出现在了政府工作报告中。这是全面推进"互联网 +"行动计划关键的一年。报告中明确，要加快在各行业各领域推进"互联网 +"，运用新技术新模式改造传统产业；打造工业互联网平台，为制造业转型升级赋能；坚持包容审慎监管，支持新业态新模式发展，促进平台经济、共享经济健康成长。

2019 年的政府工作报告中 8 次提到互联网，其中 6 次的表述是"互联网 +"。这意味着互联网与经济社会将走向深度融合，"互联网 +"将全面融入我国经济结构优化升级、社会事业发展和机制体制创新之中，助力全面提升人民生活品质、增进人民福祉。

历年政府工作报告中"互联网 +"的相关内容见表 2-1。

表2-1　历年政府工作报告中"互联网+"的相关内容

年份	"互联网 +"行动计划发展阶段	"互联网 +"行动计划工作部署
2015 年	"互联网 +"行动计划的概念在政府工作报告中首次现身	制定"互联网 +"行动计划，推动移动互联网、云计算、大数据、物联网等与现代制造业结合，促进电子商务、工业互联网和互联网金融健康发展，引导互联网企业拓展国际市场
2016 年	落实"互联网 +"行动计划	大力推行"互联网 + 政务服务"，实现部门间数据共享，让居民和企业少跑腿、好办事、不添堵。 发挥大众创业、万众创新和"互联网 +"集众智汇众力的乘数效应。 规范发展互联网金融。大力发展普惠金融和绿色金融
2017 年	对"互联网 +"行动计划模式进行了扩充	推动"互联网 +"深入发展、促进数字经济加快成长，让企业广泛受益、群众普遍受惠

年份	"互联网＋"行动计划发展阶段	"互联网＋"行动计划工作部署
2018 年	"互联网＋"行动计划模式进一步完善	发展壮大新动能。做大做强新兴产业集群，实施大数据发展行动，加强新一代人工智能研发应用，在医疗、养老、教育、文化、体育等多领域推进"互联网＋"。 加强互联网内容建设。深入实施文化惠民工程，培育新型文化业态，加快文化产业发展。倡导全民阅读，建设学习型社会
2019 年	全面推进"互联网＋"行动计划	推行信用监管和"互联网＋监管"改革，优化环保、消防、税务、市场监管等执法方式，对违法者依法严惩、对守法者无事不扰。 打造工业互联网平台，拓展"智能＋"，为制造业转型升级赋能。 加快在各行业各领域推进"互联网＋"。 压减和规范督查检查考核事项，实施"互联网＋督查"

来源：历年政府工作报告。

2.1.2 对经济发展的促进作用

我国经济在经历 30 多年的高速增长之后，进入了中高速增长的新常态，实体经济面临转型阵痛。"互联网＋"亦即互联网与传统产业的融合，是利用移动互联网、云计算、大数据、物联网等信息技术，促进制造业等传统产业转型升级，为我国经济的长远健康发展注入新的动力。

"互联网＋"对经济发展的促进作用主要体现在三个方面：一是扩大经济增量，二是盘活经济存量，三是提升增长质量。

1. 扩大经济增量

"互联网＋"时代，新的业态、新的商业模式不断涌现，带来大量商业机会的同时，降低了创业门槛，催生了大批中小企业，推动了就业增长。"互联网＋"创业最活跃的人群是 80 后和 90 后，年轻一代的创业者将他们的想象力和执行力通过互联网与传统经济对接，激发出传统经济的新活力。"互联网＋"带来的新的经济增量为我国宏观经济的持续健康稳定增长保驾护航。

2. 盘活经济存量

"互联网＋"类似于第二次工业革命时期的电力系统，可以作为信息能源进入传统产业的生产性服务链条之中，对后者的生产方式、生产效率产生广泛而深刻的正面影响，达到提升传统产业效能、盘活经济存量的目的。"互联网＋"成为人与人、人与物、物与物之间信息实时沟通的重要媒介，用高频实时的信息交换让实体经济尽量达到无损运营。此外，"互联网＋"让传统产业以从未有过的低成本接触到更大的用户群体。用户终端传回了大量的消费数据，这些数据为后续的产品设计升级、制造流程改进提供了相关依据，这些数据资源成为与劳动力、资本同等重要的生产要素。

3. 提升增长质量

"互联网＋"的主要效果之一，就是利用先进的信息技术和互联网平台降低实体经济的损耗，降低信息不对称程度，纠正市场扭曲现象，提高实体经济的效率和水平。从整体的经济效果来看，"互联网＋"与传统企业跨界融合，利用云计算、大数据模拟实体经济运行过程，取消不必要的中间环节，达到利润直接回馈生产者、效用直接分配给最终消费者的目的，提升了资源配置的效率。从这个意义上说，"互联网+"将对促进我国经济由粗放型增长向集约型增长、由要素驱动向创新驱动、由投资主导向消费主导的转变起到积极作用，在扩大经济规模的同时，提升经济增长的质量。

我们不应仅仅从经济层面孤立地看待"互联网+"，而应该从实现中华民族伟大复兴的中国梦的战略高度来看待"互联网+"，看到它与其他重大国家战略之间的辩证关系。例如，"互联网+一带一路"，不仅要向"一带一路"沿线国家输出电信基础设施，还要加强与这些国家共建数据和信息枢纽网络的合作，不仅要在"硬件"方面匹配，还要在"软件"方面融合。再如，"互联网+文化产业"，利用互联网方便快捷的传播手段，帮助国内优秀文化产品走出去，扩大中华文明的全球影响力。

2.2 "互联网+"行动计划在中国的实践及遇到的挑战

随着"互联网+"行动计划的提出，政务、民生、医疗、产业等多个领域都在积极搭乘互联网的快车，城市产业升级的落地实践也在逐步展开。"互联网+"行动计划在全国遍地开花："互联网+政务服务"让群众少跑腿，让信息多跑路；"互联网+医疗健康"致力于解决人民看病难的问题，助力提升国民医疗健康水平；"互联网+金融"利用技术红利驱动金融普惠服务；"互联网+制造"打造新供给，激发新动能；"互联网+教育"促进教育均衡普惠……

2019 年 5 月，腾讯研究院发布《数字中国指数报告（2019）》（以下简称报告），动态呈现了我国 351 个城市的数字化发展趋势。报告指出，数字中国指数增速呈现出明显的集群效应，京津冀、长三角、关中平原城市群增速领先。报告还显示，2018 年我国用云量[①]增长迅猛，全年用云量为 464.78 点，较 2017 年的 146.04 点上升 318.74 点，增幅达 218.26%。目前，用云量整体集中在一二线城市，后线城市正在快速追赶，其中五线城市增速迅猛，增幅最高。同时，用云量同 GDP 呈现正相关性，成为数字经济发展的重要指标，用云量每增长 1 点，GDP 大致增加 230.9 亿元。

在互联网全面开花的同时，我们也应正确认识和应对互联网在法律、安全、政府治理等方面带来的挑战，让"互联网 +"更好地为我们服务。

2.2.1　与三次产业的融合

从消费生活到产业革命，"互联网 +"不仅与第三产业紧密融合，也推动了第一、第二产业的升级改革。

1. "互联网 + 第三产业"融合最为紧密

互联网能够实现信息的高效连接和高频置换，使实体经济达到最优运营状态，从而实现效率的显著提升，这就是互联网与第三产业的融合。如滴滴等打车软件通过实时匹配乘客的需求和空载出租车的位置信息，减少道路上空载出租车的数量，提升了效率。清华大学媒介调查实验室数据显

---

① 用云量指某一地区在一段时间内对云存储、云主机等云服务的综合使用量。

示，使用打车软件后，90.3%的司机降低了空载率。其中，3.9%的出租车司机每月空载率下降了30%以上，41.2%的司机每月空载率下降了10%~30%。各种O2O（Online to Offline，线上到线下）软件通过"互联网+"交换买家和卖家的信息，在买家和卖家的资源和时间达到最佳匹配之后，再移至线下完成交易。"互联网+"与第三产业的融合最为紧密和深入，效果也最为明显。在"互联网+"发展初期，应着重推进第三产业与"互联网+"的融合。

2."互联网+第二产业"应两条腿走路

从我国目前所处的发展阶段来看，互联网与第二产业的融合主要体现在工业领域，"互联网+工业"需要两条腿走路。一方面，我国工业自身发展水平与发达国家相比仍有差距，尤其是高端硬件制造、工业软件、系统集成能力等方面发展滞后。在工业本身发展不足的方面，"互联网+"能够发挥的作用并不明显。另一方面，在工业流程、渠道建设、办公自动化等方面，"互联网+"可以先探先行，提升现有体系的运行效率。"互联网+第二产业"应两条腿走路，让"互联网+"由表至里，逐步渗透工业制造的各个环节，探索出一条具有中国特色的"互联网+工业"的发展道路。

3."互联网+第一产业"应做好中长期布局

互联网与第一产业融合，更多是在农业领域发力。"互联网+农业"的发展基础最为薄弱，需要做好中长期布局。"互联网+农业"以及"互联网+三农"对我国经济实现包容性增长、缩小数字鸿沟、增进不发达地区人民生活福祉至关重要。农业发展的核心是确保粮食安全，全国性重要决策的基础在于对农业数据的掌握，基础数据的上传尤为关键。"互联网＋"能够让农村的信息流通方式得到根本的改变。例如，腾讯基金会在贵州黎平做互联网村的试点，各村开设了微信公众号。在电子商务发展起来之前离农民非常遥远的移动互联生活，现在通过公众号就可以轻松实现。公众号也可以成为农村基础信息收集的最底层入口。例如，每个村庄的病虫害等信息通过公众号上报，后台便可及时汇总信息，为国家农业大数据决策提供基础依据。

在"互联网＋"时代，智能手机与4G是我国缩减城乡数字鸿沟的契机。PC互联网时代，宽带基础设施铺设成本、计算机购置及学习成本让农民成为被科技边缘化的典型人群。移动互联网时代，基于智能手机上的简单操作软件，农民可以以低成本获取基本的农业信息、医疗信息、交通出行信息等。例如，腾讯"为村"项目为各个实体村落构建公告号和微信群，全村人民以及在城市里打工的人群都可以在微信群中聊天、发语音及视频，村民之间信息传递和交流的方式得到了有效的改变。

互联网与农业生产的融合难度最大，它依赖于物联网的建设、基础传感器的普及和数据的互联互通。现阶段，应从国家层面推动物联网的标准建设。从业企业只有遵循统一的国家标准，才能做到后期无障碍的互联互通。此外，统一的物联网标准应当和目前已经广泛使用的标码技术（如二维码技术）兼容，以避免产生高昂的重复推广成本。

"互联网＋"实现了向第三产业、第二产业和第一产业的全面渗透。未来，互联网将发挥其在生产要素中的优化和集成作用，从根本上提升实体经济效率和创新力，最终深度改变经济社会的整体形态。

2.2.2 在不同行业领域的具体实践

自互联网诞生以来，传统产业对互联网的态度已经从观望、犹疑变成了积极合作和主动拥抱。"互联网 +"行动计划在不同行业领域也有了具体的实践对象。

在医疗、政务、生活、金融、制造、教育、交通等领域，"互联网 +"的行业解决方案不断涌现。随着数字基础设施的不断完善，互联网从消费端走向生产端，助力各产业的整体转型升级，我国数字化进程开始转向由产业互联网主导，并进入发展的黄金期。

越来越多的政府部门开始采用"互联网 + 政务服务"这一让"群众跑腿"变为"信息跑路"的服务管理新模式，云计算在政府间的普及程度进一步加深，政务用云量大幅增长。在科技的创新推动下，数字文化产业呈现出崭新的发展态势。

互联网也给文化产业带来了两个深刻变化。变化之一是社交媒体化、媒体社交化。移动互联网的大发展打破了社交与媒体之间的界限：扩大的社交圈成为媒体的传播渠道；媒体消息成为朋友圈分享的重要内容。变化之二是在移动互联网时代，文化的创作者、传播者、消费者之间的界限被打破，传统文化产业分工明确、上下游清晰的产业链让位于移动互联网时代大众创作、万众分享的去中心化生产模式。

"互联网 + 金融"的实践让越来越多的企业和百姓可以享受到更高效的金融服务。用技术打破信息壁垒，以数据跟踪信用记录，互联网正通过技术优势冲破金融领域的种种信息壁垒，互联网思维正改写着金融业的竞争格局。

在交通领域，网约车、共享单车等新业态不断发展，各省市也开始积极践行"互联网＋交通"理念，实施大规划、发展大数据、构建大平台。面对复杂的交通情况，监管部门也在不断调整政策。一手抓安全问题，一手抓隐私保护，让"互联网＋交通"成为改善城市生活的有效工具以及促进产业发展、支撑行业进步的利器。

在工业领域，智能制造成为制造强国建设的主攻方向。国家政策强力支持智能制造，提出以推进信息化与工业化深度融合为主线，着力发展智能装备和智能产品，推进生产过程智能化，培育新型生产方式，全面提升企业研发、生产、管理和服务的智能化水平，并部署实施智能制造重大工程。没有落后的产业，只有落后的技术。将制造优势与网络化、智能化相叠加，中国制造正逐步形成数字时代的新供给能力。

在农业领域，通过网络直播推介特色农产品，给农民带来直接收入，这正是在 2015 年发布的《国务院办公厅关于促进农村电子商务加快发展的指导意见》指导下的生动实践。农村电子商务与农村第一、第二、第三产业深度融合，在推动农民创业就业、开拓农村消费市场、带动农村扶贫开发等方面已经取得明显成效。2016 年，农业部、国家发展改革委、科技部等 8 部门联合印发的《"互联网＋"现代农业三年行动实施方案》提出：在管理方面，重点推进以大数据为核心的数据资源共享开放、支撑决策，着力点在互联网技术运用，全面提升政务信息能力和水平；在服务方面，重点强调以互联网运用推进涉农信息综合服务，加快推进信息进村入户；在农业农村方面，加强新型职业农民培育、新农村建设，大力推动网络、物流等基础设施建设的新思路。互联网养殖、农村金融、农村电商等一幅幅生动的画卷正在我国农村的大地上徐徐展开。

2.2.3 发展遇到的挑战

毫无疑问，"互联网+"带来了创新和便利，但在发展过程中，也面临着问题和挑战。

第一，"互联网+"的持续推进将带来个人数据安全和隐私保护的挑战。

"互联网+"作为公共资源，带来数据量指数级裂变式的增长。实时高频的信息流转使得个人信息所具有的管理功用和商业价值与日俱增。 与此同时，数据安全和隐私保护也面临着空前挑战。这就要求树立数据主权意识，明晰个人、企业（或社会组织）和政府在数据的处理和运用过程中的权利和责任；完善数据收集、存储、传播、利用等过程中的安全保障制度，建立完善的数据资产化管理制度体系，确保数据的有效使用和相关方的权益。要注意基于数据开放的数据安全、隐私保护带来的挑战，为"互联网+"的健康发展提供良好的基础环境。

第二，"互联网+"在融合过程中给经济增长的新旧动能的转换带来碰撞。

"互联网+"代表信息技术与传统经济的融合，在这个过程中新经济与传统经济的碰撞是不可避免的。例如，"互联网+工业"在我国如何执行？是采用互联网企业主导的由消费端切入生产端的方式，还是采用传统制造企业主导的工业4.0模式，或两手一起抓？这些问题的答案都还在探索之中。这就需要我们做好前期研判工作，遵循我国工业的客观发展规律，采取软硬短板一起补的发展策略。在推进"互联网+"的过程中，我们也应遵循行业发展的客观规律，避免一味地追求速度，强行推进。

第三，要警惕互联网赢家通吃的自身规律带来的行业"垄断"。

互联网企业竞争的必然规律是，在特定的领域，赢家只有一个。以亚马逊为例，从最初打通买卖双方信息沟通平台，到不断向产业链前端延伸，从销售开始倒推生产定制乃至原材料的采购，拥有绝对的产业链主导权和议价能力，这在一定程度上阻碍了行业整体效率和创新能力的提升。亚马逊不仅仅是美国最大的零售商之一，也是美国最大的制造商之一，它通过提供其网站上畅销产品的定制化服务，成为制造业和销售业的赢家。而在我国，在率先被互联网改造的几个消费细分领域，竞争也一度导致了"寡头"的出现。滴滴通过企业之间的并购，成为互联网出行领域的赢家，美团、口碑成为互联网外卖市场的主导。但应看到的是，即使少数企业胜出，竞争依然是常态。在充分竞争的细分行业，随时可能出现新的挑战者。

第四，"互联网+"在创新发展中，会对现行法规制度、传统利益带来前所未有的挑战，需要政府包容性治理。

"互联网+"时代，平台化、融合化、自媒体化等特征日趋明显，新兴业态和模式难以预见和穷举，再加上新兴业态对传统落后生产力和既得利益造成冲击，导致有很多不理解、忧虑甚至是建议抹杀的声音出现。

对于这些出现不过数年时间的商业现象，政府要做的不是简单地赞成或反对，而应该是以相对宽容的态度积累更多对新业态、新模式的认识和理解，进而解决制度规范和利益体之间的矛盾。这就需要政府转变思路，由"监管"到"治理"，提倡"包容性监管"。具体而言，对于新生事物要进行差异化和适度监管，在监管中鼓励创新，宽容试错；强调市场的力量，通过充分竞争和鼓励更好的商业模式来探索更先进的管理模式，实现内生性治理和多元合作治理。

第五,"互联网 +"应有全局意识,警惕资源的争夺。

"互联网 +"是以互联网平台为基础,利用信息通信技术与各行业跨界融合,推动产业转型升级,并不断创造出新产品、新业务与新模式,构建连接一切的新生态。但从现状来看,部分地方仍在沿用旧有的发展观念来圈地、圈项目,把"互联网 +"落在具体项目、企业资源的争夺和孵化培育上,这无形中把"互联网 +"与行业割裂开来。

未来,"互联网 +"应坚持去中心化发展,而非一味推进具体项目的孵化,只有这样才能最大限度地连接各行各业,最大化地发挥生态的力量。因此需要政府做好互联网生态环境的营造,在法规政策、金融、基础设施、人才、文化、创新等方面预留最大的发展空间。

第六,"互联网 +"时代,安全覆盖更广的范围、层面和维度,网络安全形势将变得更加复杂严峻。

"互联网 +"时代,繁多的接入设备、多样的操作系统、丰富的应用场景使得安全已经不只局限于传统的网络安全、信息安全、物理安全,而是覆盖更广的范围、层面和维度。万物互联使得安全事件呈现全球传导的趋势,国家网络空间的系统性风险不断加剧。

为保障网络安全,维护网络空间主权和国家安全、社会公共利益,保护公民、法人和其他组织的合法权益,促进经济社会信息化健康发展,我国制定了《中华人民共和国网络安全法》,自 2017 年 6 月 1 日起施行。这是我国网络空间法治建设的重要里程碑,是依法治网、化解网络风险的法律重器,可保障互联网在法治轨道上健康运行。

2.3 "互联网 +"行动计划迈向网络空间命运共同体

结合实践，着眼全球。"互联网 +"行动计划的提出不仅给我国各地、各行业带来了创新的实践和深远的影响，也把独特的经验和创新的理念带向了全球。网络空间成为全球治理体系变革的新领域，互联网日益成为你中有我、我中有你的命运共同体。我国数字经济发展突飞猛进，该领域正不断地加强开放合作，向全球传播创新的经验。

2.3.1 全球互联网发展的九大趋势

互联网正成为 21 世纪加速人类历史发展进程的重要动能，成为推动全球创新与变革、发展与共享、和平与安全的重要议题。把握互联网发展趋势，深化互联网应用，加强互联网治理，才能让互联网更好地服务于人类社会的发展。

网络空间是人类共同的活动空间，网络空间的前途命运应由世界各国共同掌握。各国应该加强沟通、扩大共识、深化合作，共同构建网络空间命运共同体。

2017 年 12 月 20 日，在中共中央党校《学习时报》上，赛迪研究院互联网研究所副所长陆峰博士（现任电子信息产业研究所副院长）发表了文章——《全球互联网发展九大趋势》。文章总结了全球互联网发展的九大趋势，摘录如下。

趋势一：将成为全球产业转型升级的重要助推器

互联网正在为全球产业发展构建起全新的发展和运行模式，推动产业组织模式、服务模式和商业模式全面创新，加速产业转型升级。众包、众创、众筹、网络制造等无边界、人人参与、平台化、社会化的产业组织新模式将让全球各类创新要素资源得到有效适配和聚合优化，移动服务、精准营销、就近提供、个性定制、线上线下融合、跨境电商、智慧物流等服务将让供求信息得到及时有效对接，按需定制、人人参与、体验制造、产销一体、协作分享等新商业模式将全面变革产业运行模式，重塑产业发展方式。互联网构建的网络空间，将让产业发展更好地聚集创新要素，更好地应对资源和环境等外部挑战，将推动全球产业发展迈入创新、协调、绿色、开放、共享的数字经济新时代。

趋势二：将成为世界创新发展的重要新引擎

互联网已经成为全球技术创新、服务创新、业态创新和商业模式创新最为活跃的领域，互联网企业正在成为未来全球创新驱动发展中最为广泛、最为耀眼、最为强劲的创新动能源泉，将成为全球技术创新、产业创新、业态创新、产品创新、市场创新和管理创新的引领者。人口、资源、市场等驱动国家发展的传统红利要素，正在全面让位互联网创新发展的红利，互联网创新将成为推动世界持续发展的重要新动能，将带领人类全面跨入创新发展的快车道，创新、智能、变革的社会正因为互联网创新加速到来。

趋势三：将成为造福人类的重要新渠道

科技改变未来、科技让生活更美好，正在因为互联网发展得到广泛体验。互联网促进了开放共享发展，泛在化的网络信息接入设施、便捷化的"互联网＋"出行信息服务、全天候的指尖网络零售模式、"一站式"旅游在途体验、数字化网络空间学习环境、普惠化在线医疗服务、智能化在线养老体验、无时空的网络社交娱乐环境将全面点亮智慧地球，开启人类智慧生活新时代，将极大地促进国家、区域、城乡、人群等的协调、开放和共享发展，促进世界发展成果更好地惠及全人类。

趋势四：将成为各国治国理政的新平台

"指尖治国"将成为新常态，"互联网＋政务服务"、移动政务、大数据决策、微博、微信、脸谱网、推特等的广泛应用将深刻改变政府传统运行模式，构建起网络化、在线化、数据化和智能化全天候政府，精准服务、在线监管、预测预判、事中事后处置、网络民意调查等能力全面提升，不仅创新了宏观调控、社会管理、公共服务和市场监管模式，更能促进国家治理体系和治理能力现代化。

趋势五：将成为国际交流合作的新舞台

互联网正在开启一个大连接时代，网络让世界变成了"鸡犬之声相闻"的地球村，相隔万里的人们不再"老死不相往来"。互联网服务已经成为国际交流合作的重要桥梁，不仅让不同国家、区域、民族、种族和宗教等的人群文化交流和业务活跃起来，更是开启了一个新的世界外交时代。资源外交、市场外交、金融外交、军事外交等时代正在成为过去，以人为本、以服务发展为宗旨的互联网服务外交、互联网企业家外交的时代将全面开启，世界交流合作正在因为互联网而变得紧密而和谐。

趋势六：将成为国家对抗的新战场

互联网和经济社会的融合发展让网络空间成为各国经济社会活动的重要新空间，世界许多国家都将网络空间视为继领土、领海、领空、太空之后的第五战略空间。随着经济社会活动向网络空间的延伸，未来网络空间承载的经济社会和国家安全价值将越来越大，谁率先掌握了网络空间规则制定，谁就能赢得未来发展的主导权。网络空间正在深刻地影响着国际关系，未来各国围绕网络空间的争夺将会变得更加激烈。和平与发展是世界未来之大势，加强国际互联网治理，尊重网络空间主权，维护网络空间和平安全，减少网络空间摩擦，寻求网络空间利益共同点，建立网络空间新型大国关系，构建网络空间命运共同体，将成为未来世界谋求新发展共同的呼声。

趋势七：将成为国际竞争的新利器

互联网互联互通，网络没有国界，受各国政策壁垒影响较少，全球化的互联网服务将成为一国参与国际竞争的重要利器。互联网服务输出将成为数字经济时代一国构建国际竞争力的重要手段，网络服务将成为互联网发达国家对不发达国家进行政治渗透、经济渗透和社会动员的重要手段，国家之间政治、经济、社会、军事等各类竞争越来越离不开互联网。建立和完善网络空间对话协商机制，研究制定全球互联网治理规则，使全球互联网治理体系更加公正合理，更加平衡地反映大多数国家意愿和利益，才能更好地促进各国的竞争与合作，才能更好地构建公正合理的国际政治经济新秩序，才能更好地促进世界共同发展和共同繁荣。

趋势八：将开启信用社会发展新序幕

互联网正在为经济社会发展构建一个网络化、在线化的数字化运行空间。与互联网相关的各类经济社会活动均在网络空间中用数字形式保存了下来，全程记录、处处留痕、事后可溯等模式将让网络经济时代经济社会活动更加可溯、可治、可信，个人信用、企业信用等信用信息将变得可实时化采集和综合化分析利用，信用成为网络经济时代最为宝贵的财富，基于信用的经济社会活动将更加全面普及，互联网将开启全球信用社会发展新序幕。

趋势九：网络安全将成为人类面临的共同挑战

互联网为人类社会构建了全新的发展空间，随着网络空间成为人类发展新的价值要地，网络空间安全问题日益突出。网络攻击日趋复杂，网络黑客呈现出规模化、组织化、产业化和专业化等发展特点，攻击手段日新月异、攻击频率日益频繁、攻击规模日益庞大，各类网络攻击事件对全球经济社会发展造成的影响越来越大。网络犯罪日益呈现出分工精细化、利益链条化、操作专业化等特点，社交软件已经成为网络犯罪的重要工具和阵地，网络犯罪年年持续递增，影响越来越大，已经成为许多国家第一大犯罪类型。重大网络数据泄露事件频繁发生，社会破坏性越来越大，对保障个人隐私、商业秘密和各国安全都造成了极大影响。网络恐怖主义加速蔓延，恐怖主义利用互联网内外遥相呼应，对各国安全造成了巨大挑战。另外，随着互联网向物联网领域的拓展，网络安全问题延伸到了经济社会各个领域，未来网络安全问题将像火灾一样无处不在。加强网络空间治理，打击网络犯罪和网络恐怖主义，携手共同应对全球网络安全问题，将成为未来世界共同发展的重要议题。

2.3.2 "互联网+"行动计划面向全球

一方面，我们要了解把握、学习尊重全球互联网的发展趋势；另一方面，也要着眼世界。我国"互联网+"行动计划也在面向全球，书写"中国意见"。在2017年召开的第十一届夏季达沃斯论坛上，国务院总理李克强在回答代表关于"互联网+"的问题时表示："中国在大力推动'互联网+'，这本身就是面向全球的。我们有很多云平台是在吸纳国外的企业乃至个人参与的，云平台上外国企业注册的数量在大幅度增加。在基础电信和增值方面，中国也对外资开放了很多业务，这在发展中国家可以说是最高开放水平。所以外国投资者在这个领域有着巨大的发展空间。"

我国正在积极推进跨境电子商务，外国企业也开始利用这些电子商务平台来销售产品和服务。"只要你们能想到，就有可能做到。"李克强总理强调，中国政府会采取包容审慎的监管方式，让国外和中国的企业共同发展，为中国的经济助力，使中国人民的生活更方便。

走向全球的互联网也为"一带一路"建设的快速推进及相关国家的经济增长提供了新动能。2017年公布的《"一带一路"国际合作高峰论坛圆桌峰会联合公报》中提到，加强创新合作，支持电子商务、数字经济、智慧城市、科技园区等领域的创新行动计划，鼓励在尊重知识产权的同时，加强互联网时代创新创业模式交流。"一带一路"这一于 2013 年秋提出的重大倡议如今正朝着"数字丝绸之路"迈进。

伴随着"一带一路"倡议的深入推进，"一带一路"沿线国家之间的数字信息互联互通稳步推进。跨境电商和移动支付迅速进入"一带一路"沿线国家，影响了当地居民的消费习惯与消费方式。

作为"一带一路"建设的重要力量，我国诸多优秀的企业纷纷"走出去"，与国外企业开展经济合作，惠及沿线国家，实现了互利共赢。例如，阿里巴巴通过普惠金融、云计算和 eWTP 倡议等数字经济领域的发展，促进"一带一路"沿线国家贸易畅通、数字基础设施完备，为全球中小微企业和青年人创造了普惠和可持续发展的机遇。华为凭借自身积累的电信运营优势，支持"一带一路"沿线国家的基础设施建设。苏宁聚焦零售主业，通过智慧零售搭建起与"一带一路"沿线国家的经贸、文化合作的桥梁，为我国乃至全世界的消费者提供品质化的产品和服务。

尾声

从 2015 年初至今，在各地、各行业践行"互联网＋"行动计划的过程中，优秀解决方案不断涌现，这些方案都是结合自身需求的创新。这些生动的实践证明了"互联网＋"是连接与赋能的基础设施，它将会成为各个传统产业的数字助手，提升行业的运行效率。

与互联网的不断融合正在推动着许多行业的创新发展。自从"互联网＋"行动计划被作为国家战略提出，各地方政府和不同企业都在积极抢占风口，映照着互联网时代的发展速度。但风口之下，也存在一些盲目投入、一哄而上的错误倾向。这是缺乏对"互联网 +"的深刻理解、仅仅为了追逐风口的跟风行为，其结果必然是既浪费了资金资源，又无法真正推动行业的创新发展。因此，无论是政府还是企业，在采取行动时，都必须冷静思考，深刻理解"互联网 +"的内涵，结合自身情况拟订合理的发展计划。

"互联网 + 传统产业"并不是简单的两者相加，而是利用信息通信技术以及互联网平台，让互联网与传统产业进行深度融合，创造新的发展生态。它代表了一种新的社会形态，即充分发挥互联网在社会资源配置中的优化和集成作用，将互联网的创新成果深度融合于经济、社会各领域之中，提升全社会的创新力和生产力，形成更广泛的以互联网为基础设施和实现工具的经济发展新形态。

第三章

互联网改变生活

本章导览

◆ 互联网对人民生活的改变渗透到了"毛细血管"，被互联网改变的生活方式不断刺激着整个社会效率的提升。互联网新产品、新业态竞相涌现，消费互联网所爆发出的巨大生命力也成为加速社会资源流动、拉动消费的有力杠杆。

◆ 共享经济带来的社会资源利用率的提升有目共睹，但在发展的初期，因发展速度太快，共享经济带来了细分领域的过度竞争，引发了泡沫式发展。共享经济要服从互联网发展的基本规则，相应的法规完善、社会诚信的建立以及适度监管政策的及时出台是市场良性发展的保证。

◆ 从把互联网当成获取信息的手段、提高效率的工具，到"数字原住民"的出现，人们的社交关系随着互联网的发展而不断变化，世界逐渐变得密不可分。

◆ 在娱乐休闲、文化需要等精神生活层面，互联网改变了传统的内容传输形式，用更普惠的传播手段和更广泛的覆盖方式，让最优质资源触达尽可能多的有需求的人群。

◆ 在 2019 年的政府工作报告中，"互联网 + 教育"这一概念被重点提及。科技在进步，时代在变迁。我国的教育行业也因为与互联网的不断融合，获得了飞速发展。

引言

每次新技术的浪潮席卷，都会为个体的生活形态带来一次全新的变革。互联网的出现对人类社会的发展产生了绵延深远的影响，它极大地推动了物质生活的便利化，也让人类的精神生活变得前所未有地丰富。

衣食住行正全面互联网化。O2O 引发的"战争"还未平息，新零售的"战火"又一次被点燃。共享经济从备受追捧到集体反思，从成为明星到变为泡沫，可能只需要两个夏季的时间。但无论如何，那些不断涌现的新模式都在推动我们的物质生活朝着更便利、更智慧的方向发展。

屏幕在不断缩小，世界也可以直播。传统社会关系被迁移到网络上，有了技术作为中介，人际沟通变得畅通无阻。娱乐休闲、获取知识、了解世界，信息在快速交织，人类的精神生活也在互联网的世界里得到极大的丰富。

3.1 互联网生活的"供给侧改革"

手指滑动、点击，网民的一天开始了。

清晨 6:30，伴随着一段悠扬的音乐闹铃，智能窗帘自动打开，智能电饭煲"叮"的一声响起，智能音箱中传出一份热腾腾的"新闻早餐"。手机约车，开启躲避拥堵的导航模式，一路向办公室飞奔。路上，听一节 20 分钟的在线课程，刷一会儿朋友圈，在几个 App 之间来回切换。中午，点一份外卖，看一会儿小视频。确定周末拼车的路线，预约一家民宿。尝试更多的生活可能，却不用把所有东西都买回家。共享的意义在于提高资源的使用效率，减少不必要的资源浪费。

从 O2O 到新零售，从共享经济到全民直播，互联网新产品、新业态竞相涌现，让民众切实感受到了生活的便利和美好。

3.1.1　互联网带来餐桌上的变化

民以食为天。因为互联网，波士顿的大龙虾、智利的牛油果、泰国的顶级榴梿，点点指尖，就可以出现在餐桌上。不仅仅是食物，吃的场景也越来越丰富：我们可以足不出户就享受一顿由星级酒店大厨亲自上门服务的牛排大餐，在办公室享用几千米外新餐厅推出的热乎乎的盖饭，聚餐时从食材到电火锅都能安排的海底捞外卖，跟随着手机软件和地图"边逛边吃"……对于"吃"这件事，我国的互联网从业者绝对是认真的。

▶ 案例

生鲜电商孵化了"网红"水果家族

伴随着电子商务的发展成熟和物流配送的专业化提升，一批主打"吃"的垂直电商网站如雨后春笋般诞生了。全球选品、冷链宅配、基地直送，保证食品安全又营养美味，形成了几大核心卖点。

2012 年，媒体出身的本来生活团队凭借"褚橙"这款明星产品一战成名，打开了生鲜电商市场。这一年是我国生鲜食品电商元年，数千家生鲜电商扎堆涌现。名人效应＋高品质＋互联网的推广手法＋专业的配送，诸多"爆款水果"不断涌现。一时之间，褚橙、柳桃、潘苹果、任小米走红网络。但相比用 8000 元的成本成功孵化出品牌价值 50 亿元的"褚橙"，追随者们的人气还是有点弱。

2016 年，多家生鲜平台开始出现资金断裂、官网暂停运营、破产清算等现象，生鲜电商行业进入"寒冬"。我国 5 万亿生鲜市场的破局之道，开始被重新严肃思考。

互联网对于"吃"的改造效果是立竿见影的。据相关部门的数据统计，当前，我国每十人中就有一人有过在网上下单订餐的经历，这个市场的红火程度可见一斑。对于依赖高频、刚需的互联网模式来说，"吃"无疑是最好的突破口。互联网发展的这些年，无论是食物的丰富性还是吃饭的便利性，都有了很大的提升。传统的餐饮企业也都纷纷"触网"，很多线下门店通过开通网上外卖功能增加了销售额。

除了每个家庭的吃饭问题，我国餐饮行业也因为互联网的到来开始了数字化进程。根据易观发布的《中国餐饮市场互联网化及数字化分析2018》报告，"互联网＋餐饮"给传统餐饮业带来了新的发展契机，餐饮业正从传统服务业向现代服务业转变，服务方式和市场结构发生了巨大变化，市场空间因为有了互联网的融入，得到了新的拓展，市场机会日益增多。伴随着互联网化的逐步成熟，餐饮企业经营的集团化、网络化、数字化趋势加快，"智慧餐饮"的概念开始在传统餐饮业萌发。

3.1.2　新商业模式的背后

从生活的细微处出发，互联网给每个家庭带来的细小变化正汇聚成河，成为源源不断的新能量，注入经济、社会各领域转型升级的汪洋大海中。但在这个过程中，同质化的竞争和一窝蜂地"大干快上"也给我们带来了反思，"千团大战"的惨烈场面让人触目惊心，曾经火爆的 O2O 如今也已无人问津。

▶案例

从"千团大战"到"吃货平台"

2010 年 3 月 4 日，在搜狐网络大厦对面的居民区清华嘉园 13 号楼的 805 室，15 个年轻人上线了一个团购网站——美团。第一单是梵雅葡萄酒品尝餐，最终只成交了 79 份，但整个团队都很兴奋。

兴奋的日子还没过多久，战争的号角就已经迅速吹响，一场城市的"阵地战"正面开始。美团、聚划算、糯米团、拉手网、24 券、窝窝团、满座、团宝、嘀嗒团……自 2010 年初我国第一家团购网站上线以来，到 2011 年 8 月，我国团购网站的数量已经超过了 5000 家。整个互联网行业都在期待着美国团购网站 Groupon 创造的高利润神话在中国得到复制。融资战、广告战、拉锯战、阵地战，最初消费者对 9.9 元团购大餐满怀兴奋和期待，而后到店体验时因被区别对待而产生不满，于是团购这一模式逐渐让消费者和商家都失去了耐心。

最终，美团脱颖而出，并于 2013 年成立美团外卖。团购"战争"蔓延到网上外卖市场，消费者又开始了一段"免费"吃外卖的日子。2015 年 10 月，美团与大众点评合并，互联网公司掀起的这场"吃货的战争"终于暂时休战。

继 O2O 之后，"新零售"的东风又刮向大街小巷。"新零售""智慧零售""无人零售"……各种概念层出不穷，大型互联网企业忙着抢占风口。

改造传统卖场的口号已经喊出，不断扩张的线下门店和创新的经营理念引发了大众的追捧。

以盒马鲜生为例，2017 年它依靠"零售 + 餐饮"、线上线下一体化、30 分钟到家等新模式，引发广大关注，门店快速扩张，平均不到一个半月就开一家分店。但据媒体报道，盒马鲜生于 2019 年 5 月 31 日关闭昆山新城吾悦广场店，"狂奔"的盒马鲜生在全国开出 150 家门店后，首次"踩下了刹车"。

虽然关店只是个例，但对于方兴未艾的新零售而言，发展依靠的显然不应该只是"速度与激情"，精细化的运营、合理的定位和成本分析才更为关键。

3.2　从狂热到理智：共享经济的修复与反思

共享经济的根本在于物品拥有权和使用权的分离，让闲置的社会资源得到最大化的利用。在互联网充分发展之前，拥有权和使用权的分离很难具体到单个物品每时每分的利用上，也就导致能够出租的资源受到很大限制。但互联网足够发达后，资源的配置可以细化到 7×24 小时，随时无缝匹配供给与需求，彻底改变了供给的模式，从而带来崭新的商业模式。

共享经济带来的社会资源利用率的提升有目共睹，但共享经济在发展的初期也呈现出一定的问题。因为发展速度太快，它也带来了细分领域的过度竞争，引发了泡沫式发展。例如，在共享单车爆发式成长的头几年，各地出现了不同公司的各种品牌的共享单车，一时之间，人们戏称，共享单车品牌太多，彩虹的颜色都不够用了！更为严重的是，在资本的角力下，部分城市中的共享单车的制造和投放已经远远超过市场的容量，导致整个单车生产行业产生了变化。

共享经济提高了资源的利用效率，但在对有限资源的争夺过程中也出现了跟风和蛮干现象，最终，行业尝到了苦头。

3.2.1　互联网改变出行方式

共享经济的经典案例出现在出行和住宿两大领域。最有效率的租车公司可能并不拥有自己的车辆；网络最为密集、提供源源不断的房源的酒店住宿提供方，可能并不拥有自己的任何实业。它们所做的只是把闲置的资源信息分发出来，并和实时产生的需求进行匹配。这些公司在短短几年之内，以指数级的增长速度迅速改变了行业几百年来建立的运行规则。先来看看出行。

▶ 案例

旷日持久的"打车大战"

说起共享经济的"鼻祖"，就不得不提在 2009 年于美国旧金山成立的 Uber（优步）公司。Uber 最初是想创造一种能够以 App 预订的高档汽车共享服务，结果随着不断地发展壮大，对整个世界出行领域产生了巨大的影响。

2012 年，我国的打车软件市场开始再现团购时代的壮观场景。出租车司机的手机里装满了各式各样的打车软件。在分别接受腾讯和阿里巴巴的投资后，嘀嘀（后于 2014 年 5 月更名为"滴滴"）和快的在 2014

年春节开启了一场补贴大战。

恰逢春节，除夕至正月初二是用车高峰期，全国平均打车成功率是55%。一场"免费打车"的"烧钱游戏"正式开启。继乘客乘车返现10元、司机得10元奖励之后，2014年2月18日，嘀嘀和快的先后宣布再次提升每单减免额度，上调补贴金额，价格战继续升级。

伴随着疯狂的价格战，全国人民迅速知道了如何用手机打车，更为重要的是，打车这个高频次动作让移动支付得以迅速普及。这场价格战意义非凡，它用真金白银培养了用户移动支付的使用习惯。

相比打车软件背后的资本方对于支付和生态的布局，价格战本身给出行市场带来的冲击和后果也开始逐渐显现。"羊毛党"开始行动，为了获得返现，不少消费者不到2千米的路程也开始打车，这种"占便宜"的心态其实造成了资源的浪费。面对高额的市场补贴，刷单、作弊、骗补等歪招也频频出现，系统频频"卡壳"，市场秩序一度混乱。

随着打车大战暴露出越来越多的问题，多部门的调控也逐渐开始。在"烧钱"4个多月后，嘀嘀和快的两大打车软件开始逐步降低补贴金额。2014年5月16日，嘀嘀和快的同时宣布于5月17日停止对乘客的现金补贴。

调研数据显示，滴滴提升了社会出行资源的利用率。传统出租车空载率高达40%，而滴滴等共享服务软件使得出租车在路上的空载率降至10%以下，同时，使得私家车购买意愿降低了10%。2015年，滴滴宣布正式上线"快车""拼车"功能。拼车让高峰出行效率提高了27%。

可以说，滴滴的贡献之一在于，通过打车这样一种每天都可能发生的高频交易，改变了我国消费者对拥有权的认知，让消费者真正理解，拥有的实际意义在于使用。如果能够在任何时刻便利便捷地使用某物品，那么，该物品是否为你所有，其实并不那么重要。甚至在不需要这种物品的时候，最好的方式就是将其使用权释放出来，供有需求的人来使用。

然而，疯狂地烧钱，没有刚需却被短期利益吸引的"羊毛党"，刷单的黑色产业链，从多个公司竞争到"寡头垄断"的市场格局，存在的安全隐患……给整个出行市场留下了后遗症。

经过资本的撮合和几次并购，滴滴最终成为目前国内规模最大的互联网出行平台。在它的发展过程中，监管没有缺席。从网约车在不同城市的投放数量，到对私家车参与网约车经营活动的备案需求，再到对顺风车的严管和公民隐私的保护，监管部门在鼓励创新的同时，坚持审慎包容原则，给新业态的发展提供了较大的空间。在当前的情况下，依然需要根据发展情况逐步调整相关政策，从而使公众的利益在安全的情况下实现最大化。

3.2.2　互联网改变租住意识

相比传统的酒店等公共空间的租赁，把自己的私人空间共享出来，"共享住宿"的消费潮流在年轻群体中逐渐盛行。一套房、一间屋，都可以成为在异域他乡旅行时的安身之所。这种新兴的共享经济模式通过盘活闲置的住房资源，很快用低廉的价格与便捷的体验不断开拓出新的市场。

▶ 案例

"共享沙发"和"中国学徒"的反超

说起共享住宿，不得不提被誉为"鼻祖"的 Airbnb。Airbnb 是 Air

Bed and Breakfast（"Air-b-n-b"）的缩写，中文名为爱彼迎，它是一家联系旅游人士和家有空房出租的房主的服务型网站，可以为用户提供多样的住宿信息。2011 年，Airbnb 的业绩令人难以置信地增长了 800%。

Airbnb 的出现改变了人们的租住意识，也改变了它所在的行业，出现了不少"中国学徒"。这种共享的模式也被成功应用到其他行业。如果抽象地描述 Airbnb 的概念，那它的逻辑应该是：有空闲的私人资源就可以出租，就可以提高闲置资源利用率，从而获得更大收益。

Airbnb 这只诞生于硅谷的"独角兽"正式进入我国后，并未如许多人之前预期的那样迅速走红。相反，途家、住百家、小猪短租等 Airbnb 的"中国学徒"们在我国市场的份额却在不断增大。

2012 年，主打"居住自由主义"的小猪短租正式成立。该平台的定位是提供短租住宿服务，致力于挖掘有潜力的闲置房屋资源，搭建一个诚信、安全的在线沟通和交易平台。该平台对房客免服务费，对房东收取的服务费率为 10%。截至 2017 年，平台活跃用户已超过 2000 万，交易额已超过 25 亿元。截至 2018 年，小猪短租的房源范围覆盖了全球 60 多个国家和地区的 710 余座城市。

相比 Airbnb 刚开始在我国的水土不服，国内的共享住宿企业走出了一条特色之路。这种竞争背景反过来也让 Airbnb 针对我国消费者做出了改变。2018 年 10 月 16 日，Airbnb 宣布调整中国区服务费率：对房客收取的服务费率从平均 13% 下调至 0，对房东收取的服务费率从 3% 上调至 10%。

在我国经济进入"新常态"的大背景之下，未来的共享经济行业也将面临模式创新、技术智能化、服务标准化等多方面的考验，纯平台的模式将不再具备产生颠覆性变革的能力。共享住宿也从 Airbnb 诞生初始的"共享沙发"平台模式，朝着包含保洁管家、智能家居、软装设计、托管物业等配套服务的"平台＋"模式演变。共享住宿借助产业协同的力量，释放空间，让更多的人成为共享经济的参与者和受益者。

3.2.3　互联网带来新型办公模式

如果说共享住宿带来的是一种居住空间的共享，共享办公则把目光瞄准了办公空间。与共享住宿的发展路径类似，2010 年创立于纽约的 WeWork 联合办公空间在我国也有诸多"学徒"。作为大众创业、万众创新的相关产物，共享办公激发了不少创业者"用一张桌子开启梦想"的远大理想。但中关村创业大街热了又凉的咖啡和"桌子太多，创业者不够用了"的疯狂让人心有余悸。值得庆幸的是，在经历了行业的"洗牌"之后，共享办公空间的运营面积不断增加，有的还搬进了甲级写字楼。

▶ 案例

纳什空间入驻甲级写字楼

自从京东总部搬离北京国家会议中心旁的北辰世纪中心后，这座地理位置优越的写字楼就变得冷清起来。2018 年，情况发生了变化。随着纳什空间的入驻，不仅是 8000 余平方米的办公空间本身，整座写字楼都变得热闹起来了。

中午时分，挂着工牌的员工在便利蜂超市里排起了长长的队伍，队尾甚至甩到了旁边的"光猪圈"健身房门口。不时有行色匆匆、背着电脑包或拎着资料袋的路人来到这里，他们会直接放弃门口那家嘈杂又找不到座位的星巴克，拿起手机微信扫码，进入一个更适合办公的空间。

在共享办公空间行业，运营1万平方米、10万平方米、50万平方米和100万平方米的空间，对运行流程、标准化和技术系统的要求几乎完全不同。做到100万平方米，就可以产生规模效益。我国共享办公空间行业看似规模不小，但在北京、上海、广州、深圳等一线城市，优质写字楼有7000万余平方米，共享办公空间的渗透率还很低。目前共享办公空间行业处于发展的初期，市场占有率不足3%，未来还有很大的成长空间。共享办公空间不仅有效地提升了资产价值，增加了人流量，还拉动了商业需求。

▶ 案例

走向海外的优客工场

优客工场成立于2015年4月，致力于用互联网模式革新传统办公场景，打造基于网络社群的商业社交和资源配置平台，为创新企业提供全产业链服务，其口号为"让平行世界的人相互遇见"。得到、地平线机器人等已入驻优客工场，并在此不断发展壮大。

2017年6月，优客工场标志性的橙色Logo第一次出现在新加坡纬壹科技城社区，优客工场全球会员体系正式启动的国际第一站就在这里。以共享之名，办公空间帮助中国企业走出国门，同时协助海外企业进入中国。

2018年12月，数据显示，优客工场已经在全球44座城市布局了

200 多处共享办公空间，包含 9 万余张办公桌，拥有 1000 余家服务商。这些共享办公空间聚集了 15 000 家怀揣梦想的企业，并拥有 30 万全球会员和近 20 万入驻工友，总管理面积超过 70 万平方米。

共享办公空间既可以服务于自由职业者和远程办公者，又可以服务于几人或者几十人的初创公司。利用这样的空间，初创公司不仅可以节省办公室租赁成本，还可以与其他创业团队交流想法，拓展商业社交圈子。

2015 年发展达最高峰时，我国的共享办公空间企业多达 3000 家。在经历了爆发式增长之后，行业迎来洗牌期。根据 VC SaaS 的数据预测，我国共享办公空间企业的数量在 2020 年将超过 5000 家。

目前我国共享办公空间行业仍然处于高速发展阶段。激烈的市场竞争倒逼共享空间运营者进行差异化经营，提升运营效率、拓宽收入渠道才能保证企业持续良好地运转。

3.2.4 共享经济的利与弊

共享经济见证了互联网生活的一路高歌猛进，也在用盲目跟风的残酷后果、泡沫破裂的事实和安全隐患等问题不断提醒年轻的互联网创业者们：资本可以将年轻的企业推向风口，但如果没有正循环的经营模式和自我造血的能力，单纯依赖资本投入的价格战不会长久。

如何正确看待共享经济的利与弊？如同所有互联网经济一样，共享经济也要遵循互联网发展的基本规则。基于互联网的商业模式，其最大的特点是，固定成本巨大，而边际成本可趋近于零。简单来说，一个打车软件上线之后，服务一万个用户和服务一亿个用户的成本基本没有变化。在每一个细分行业的发展初期，必然会有不同资本加持之下的不同公司在同一领域的正面竞争。互联网高度竞争的特点也导致在每一个细分领域，最终都仅仅只有极少数的几个赢家。细分市场的第一名通常会占据具有绝对优势的市场份额。也正因如此，资本在角力之初，通常会加重筹码，力争在第一轮的用户基数之战中拔得头筹，而第一轮的用户基数之战所投入的成本，可以在后期经过商业模式的变换，通过其他的方式慢慢收回。

一方面，第一阶段的抢夺用户大战消耗了巨大的资金及社会资源，但另一方面，这也是互联网企业成长的必经之路。从第一阶段的行业大爆发到行业大洗牌，由市场筛选出最有力的选手，这些选手在细分领域中以绝对优势成长起来，并迅速淘汰其竞争对手。

互联网企业的发展规律注定其和传统企业稳扎稳打、几十年慢慢深耕一个领域有显著的不同。小步快跑、快速迭代、不断在试错中修正前行，互联网企业发展的这些特点是其保持创新及带动经济增长的新旧动能转换的关键要素，也不可避免地会在某一发展阶段造成市场的暂时混乱和资源的浪费。相应的法规完善、社会诚信的建立以及适度监管政策的及时出台是市场良性发展的保证。

3.3　人人皆网友，一屏一世界：新娱乐和新社交

与不断丰富的物质生活相比，互联网对娱乐和社交的改变是潜移默化的。从把互联网当成获取信息的手段、提高效率的工具，到"数字原住民"的出现，人们的社交关系随着互联网的发展而不断变化，世界逐渐变得密不可分，不同代际的人群也可能因为相似的兴趣或相同的目的而聚集。在

娱乐领域，互联网的出现极大地丰富了娱乐形式，整个娱乐产业也开始进入大发展时期。

互联网在娱乐产业的应用经历了从个体体验到产业升级的变化。起初，人们通过互联网可以看电影、听音乐，随着互联网技术的不断发展进步，互联网对娱乐产业的影响和变革进一步深化。互联网推动着娱乐产业向平台化、社交化、人人化、消费化和生态化方向发展，娱乐产业资源得到极大丰富，娱乐服务模式更具多样性和个性化，娱乐商业模式得到极大创新。网络化、平台化、社交化、平民化已经成为当前娱乐产业变革创新的主要模式和路径。

一是互联网让娱乐产业向网络化方向发展，随时随地娱乐成为娱乐新常态。互联网的发展深刻改变了大众娱乐的组织模式，电影院、KTV、音乐厅、棋牌室等传统的线下娱乐模式正在一步步被线上娱乐模式取代，在线影院、在线KTV、在线音乐和网上棋牌室等新的娱乐业态正在迅猛发展。移动互联网快速发展以后，尤其是随着4G网络的不断完善和移动智能终端的大规模普及，移动端的在线娱乐体验得到极大提升，爱奇艺、优酷、唱吧、QQ音乐、QQ棋牌室等移动在线娱乐平台已经成了大众在碎片时间里休闲娱乐的主要去处，让民众随时随地在线享受娱乐体验已经成为当今我国娱乐产业的新写照。

二是互联网让娱乐产业向着平台化方向发展，网络平台经济价值规律在娱乐产业中得到验证体现。根据梅特卡夫定律，网络平台的价值与参与用户数量的平方成正比，在线娱乐网络平台也不例外，随着参与娱乐的用户数量的增多，在线娱乐平台的规模效益越来越凸显，大众群娱群乐的能力越来越强，娱乐产业的热点、兴奋点、敏感点和爆发点不断增多和被挖掘，娱乐活动更加活跃和丰富。在线娱乐平台可以让不同国籍、不同地域、不同性别、不同年龄的人为了共同的兴趣爱好，集中在一个网络唱吧中唱歌，围坐在一个网络棋牌室里切磋牌技，集聚在一个网络游戏战场"华山论剑"。依托网络平台，娱乐产业的组织模式跨越了时间和空间、地域和领域、年龄和性别，娱乐活动的发起能力、组织能力、模式创新能力、赢利能力显著增强，产业发展空间得到极大拓展。

三是互联网让娱乐产业向着社交化方向发展，让大众在娱乐中拓展人际社交关系。个人的娱乐活动只能算是休闲，娱乐是多人共同参与的事情，是互动行为，是群体行为。因为娱乐天然夹带着社交因子，人们谈天说地、切磋观点、碰撞需求，进而有可能从线上活动向线上线下结合的活动发展。

四是互联网让娱乐产业朝着平民化方向发展，让人人都是"网红"、明星和"大咖"。借助互联网，任何人只要有一技之长或者特色才艺，都可以成为网络主播，可以成为网络剧创作者。诸多直播平台的兴起不仅上演了一场"全民直播热潮"，还刺激了娱乐和内容创作的空前繁荣。当然，成为红人的主播们会因为幽默或者犀利的个人风格受到网友的追捧，也会因为言行不当迅速受到指责。

"互联网＋娱乐"已经大踏步地向前迈进，随着互联网技术的不断演进，受到大众生活需求多样性的激发，其步伐将会越走越快，前行道路上的风景将会越来越美丽。但网络从来不是法外之地，对于那些难免出现的不和谐的声音，如网络直播带来的低俗的乱象，监管层已经出手整治。"实名制＋黑名单"制度的落实给那些"肆无忌惮"的网络平台和主播们上了一道"紧箍咒"，让直播脱离艳俗和低级，从而在有序的管理下良性发展。

3.4 精神生活的新概念与新方式

互联网给人们的衣食住行带来了更多的便利，提高了工作效率，丰富了人们的物质生活。在精神生活层面，互联网也改变了传统的内容传输形式，用更普惠的传播手段和更广泛的覆盖范围，让最优质的资源触达尽可能多的有需求的人群。

3.4.1 互联网让教育均衡普惠

"发展更加公平更有质量的教育。深化教育教学改革。推进城乡义务教育一体化发展，加快改善乡村学校办学条件，加强乡村教师队伍建设，抓紧解决城镇学校'大班额'问题，保障进城务工人员随迁子女教育，发展'互联网＋教育'，促进优质资源共享。"2019 年的政府工作报告中，"互联网＋"再次成为"热词"，"互联网＋教育"这一概念也被重点提及。科技在进步，时代在变迁。全球都在致力于用互联网解决教育领域优质资源稀缺、教育资源分配不均衡等问题。我国的教育行业也开始与互联网不断融合，在创新中摸索前行。

▶ 案例

全球互联网教育的开启：从可汗学院到MOOC模式

萨尔曼·可汗从孟加拉国移民到美国，从美国麻省理工学院本科毕业之后又拿到了哈佛大学的硕士学位。远在家乡的小侄女经常在互联网上让他辅导功课。于是他开始自导自演录制视频，10 分钟的视频教学就能把老师在课堂上 45 分钟的内容剖析得简单又直白，同时，幽默风趣的讲解风格深受小朋友的喜爱。小侄女的数学成绩大幅提高，观看可汗视频的人也越来越多。萨尔曼大受鼓舞，一口气从小学数学录到大学的高等数学，整整 4800 个视频。在不到两年的时间之内，这些视频有 4800 万人看过，点击量近 5 亿。

萨尔曼为帮助小侄女学习数学而创立的可汗学院，如今已经有越来越多的专业课程开发老师加入，覆盖面广，包括数学、历史、金融、物理、化学、生物、天文学等，由此它成为全球知名的非营利教育网站。它的出现引发了行业的关注，其他公司也加入进来，MOOC 模式开始走红。

MOOC，全称为大型开放式网络课程（Massive Open Online Courses），是在各大网络平台上由来自世界知名大学的教授开设的种类丰富的课程。MOOC 在最初兴起时一度被寄予"挑战传统教育模式"的期望。2013 年，香港科技大学、北京大学、清华大学、香港中文大学等相继提供网络课程。这意味着，我国高校的课程开始通过网络传播到了世界各地。

各大互联网平台也开始推出独立品牌的公开课，网易推出了网易云课堂、网易公开课，腾讯上线了腾讯课堂。2014 年 5 月，网易云课堂承接教育部国家精品开放课程任务，并与爱课程网合作上线了"中国大学 MOOC"项目。据媒体报道，截至 2018 年 1 月，有关高校和机构自主建成 10 余个国内慕课平台，460 余所高校建设的 3200 余门慕课上线课程平台，高校学生和社会学习者有 5500 万人次的选学课程，我国慕课数量已位居世界前列。

从根本上来讲，这些公开课把全球最顶尖的优质教育资源汇集起来，将互联网的实时连接、跨越时间和空间等优势发挥到极限，以最低成本将最优质资源传播出去，从一定程度上解决了顶尖资源稀缺性的问题。同时，开发这些课程的通常是大学、非政府组织（Non-Governmental Organizations，NGO）以及大型互联网公司，绝大部分项目都是免费对公众开放的，在一定程度上有利于教育资源的均衡分配，因而得到广泛的认可和推广。

3.4.2 "一对一模式"带来的新增长点

除了在互联网上进行免费的课程传播，越来越多的公司开始在教育领域深耕。受众人群的年龄不断拓宽，互联网教育的内容方向也朝着更细分、更专业的方向发展。少儿英语、编程、艺术教育、国学教育、体育教育……在互联网的助力下，在线教育开始全面开花。根据亿欧发布的《2018 中国少儿在线英语教育行业研究报告》，从 2011 年至 2018 年，仅在少儿在线英语教育这个细分市场，就出现了 27 个品牌。

▶ 案例

VIPKID的一对一实验

VIPKID 是 2013 年创立的中国在线少儿英语教育品牌，专注于 K12 英语教育这一细分市场。VIPKID 拥有 7 万余名北美外教，学员遍布全球 63 个国家和地区，目前已经有 50 余万的付费学员。通过严选师资资源、一对一在线学习、结合中国孩子的特点自主研发主修课程教材等三大经营特色，VIPKID 的目标是帮助学员随时随地学英语，在与外教的交流中不断锻炼理解与表达能力，摆脱"哑巴英语"和"中式英语"的困扰。

这种自由选择时间、地点的在线学习模式，免除了用户前往线下机构的路途奔波，可以让用户更高效地利用碎片化时间学习。VIPKID发挥了在线优势，让真人在线教授成为上课方式的新选择，一对一的辅导又让散落在全球的英语教学资源与学生的需求进行匹配，扩大了供给和需求的市场。这种模式也给新东方、学而思等教辅机构带来了新的高速增长点。

3.4.3　知识获取方式的改变

我国大多数网民从接触互联网开始，就习惯了获得免费信息及免费服务的方式。这些年，随着从信息匮乏到信息过载的飞速过渡，优质信息、优质资源渐渐变得稀缺与珍贵。

人们的观念也在不断改变，对专业信息的价值认同衍生出知识付费的多样模式。越来越多的消费者愿意为优质内容付出相应费用，以降低自己的时间成本和搜索成本。

除了对传统教育内容与方式的补充和提升，互联网给大众带来的还有终身学习、泛化学习等习惯的改变。从知乎等主打知识分享的网站，到以喜马拉雅、蜻蜓FM、得到为代表的音频内容平台的不断涌现，全民网络学习、知识付费的新时代已然到来。

▶ 案例

为"黄金屋"埋单的年轻人们

在朋友圈坚持 28 天打卡学习就免费赠送英文正版书，花 9.9 元购买一节职场效率提升课，花 39.9 元去现场"膜拜"一下在网络上互动了大半年的知名答主，花 199 元获取儿童有声睡前故事全年大礼包……在提倡免费的互联网时代，人们对于知识领域的付费格外慷慨。

在喜马拉雅和得到 App 内，通常用不到 100 元就可以买到顶尖行业专家讲解专业知识的系列课程。从古典音乐、金融投资到儿童睡前故事，每一个细分领域都有精品课程不断开发出来。使用在行 App，100 元以内就可以请到知名院校的植物学专家来组一个小规模的植物园半日游，边看边听身边花花草草的逸闻。知乎这样的知识分享平台也开始开设值乎等栏目，邀请各个领域的"大 V"来普及知识，而这些知识分享的内容可谓应有尽有，有教你为自己做一个保险规划的，也有教你在职场的不同阶段为自己置装的。

知识付费改变了人们对教育的认知，教育不再只是学校里传统的课程，甚至也不再局限于职场中的进阶，生活中的点点滴滴、每一种经历、每一种专长，都可以提炼升华为可以与人分享的内容。

这样的泛教育时代催生出了新的学习方式和市场。艾瑞咨询数据显示，2017 年我国知识付费产业规模约 49 亿元，而 2020 年将增长到 235 亿元。同时，由于新的市场不断被培育，用户为知识付费也已经成为习惯，在各个领域都有专家不断投身于知识的提炼与传播中，在授人以渔的过程中得到自我价值的实现，也有更多受益于此的知识付费用户在终身学习的过程中成就更好的自我。

年轻人对于学习的热情不仅体现在花费于专业知识平台的时间上，更体现在随时随地学习的精神中。根据三好网发布的《"00 后"学习新姿势，

"网生代"的 ONLINE 解码》研究报告，超三成"00 后"都安装了学习类 App，利用互联网进行在线学习。预计未来几年，在线教育用户规模将以 15% 左右的速度继续增长，到 2024 年预计突破 4 亿人，总体市场规模将突破 4500 亿元。未来，K12 在线教育将成为"新青年"的标配。该报告显示，2018 年在线教育凭借自身的优势为每个学生节省了高达 76% 的出行时间，大大节省了时间成本，让每位学生每天拥有更充足的休息时间和自我发展的时间，同时在线教育也为家庭节省了一笔不小的资金投入。

更有意思的是，互联网的出现让学习和休闲的界限变得不那么泾渭分明。以"二次元"出名的视频网站 B 站（Bilibili 弹幕网）原本是娱乐休闲的聚集地，如今，在 B 站学习已成新的潮流。B 站数据表明，2018 年有 1827 万人在 B 站学习，相当于当年高考人数的 2 倍。名为"study with me"的学习直播时长达到 146 万小时，是目前 B 站时长最长的直播种类。此外，2018 年有 103 万次的学习类直播在 B 站开播。2019 年 4 月 17 日，央视网发表了一篇名为《知道吗？这届年轻人爱上 B 站搞学习》的文章，文章称，B 站正以优质内容吸引更多的年轻群体，与其用户共同创造了新式社交型学习平台。

另外，2019 年 1 月 1 日上线的"学习强国"学习平台也掀起了一股青年学习热潮。

▶ 案例

"学习强国"学习平台掀起青年学习热潮

青年在网络上搜索"学习强国"、积极参与学习的例子显得格外鲜活。作为中宣部主管的学习平台，2019 年 1 月 1 日在全国上线的"学习强国"学习平台由电脑端和手机客户端两大终端组成，内容广泛，既包含习近平新时代中国特色社会主义思想和党的十九大精神，也包含文化、艺术、科学、自然等专题的海量免费学习资源。

在平台上，广大党员和人民群众不仅可以了解党的思想理论、权威的最新资讯，提升理论修养，还能够学习科学文化知识，以实现自我提升。

截至 2019 年 5 月 9 日，"学习强国"iOS 系统移动端在教育榜（免费）的实时排名为第一，应用总榜（免费）的实时排名为第二十六；百度、应用宝、豌豆荚等八大应用市场的公开数据显示，"学习强国"Android 系统移动端的累计下载量已达 1.94 亿。

尾声

互联网对人民生活的改变渗透到了"毛细血管"，从衣食住行、休闲生活、社交方式再到工作教育，被互联网改变的生活方式不断刺激着整个社会效率的提升，消费互联网所爆发出的巨大生命力也成为加速社会资源流动、拉动消费的有力杠杆。360°虚拟试衣间、热腾腾的外卖、受背包客欢迎的短租模式、改变出行方式的网约车和共享单车等，新事物的出现往往并不完美，但自我修复、制度跟进和监管的智慧会让这些不断出现的新经济向着更光明的一面发展。

第四章

被互联网改变的人群

本章导览

◆ 我国互联网的覆盖范围不断扩大，居民入网门槛进一步
降低，贫困地区网络基础设施"最后一公里"逐步打通，
"数字鸿沟"加快弥合。我国的网民规模、互联网普及率
以及网民的上网目的、上网习惯都发生了深刻的变化。

◆ "互联网＋"的快速发展让普通人有了更多的创新、创业
机会。网络社群的出现让"双创"的形式更为灵活，践
行群众路线的网络社群创业开展得如火如荼。

◆ 面对五花八门的网络信息，一些青少年用户缺乏甄别能
力。如果不加以引导，放任他们沉迷于网络，或者对其
进行粗暴的干预，不仅会影响未成年人的身心健康，也
将给整个社会带来损失。

◆ "有钱有闲"的小镇青年在一定程度上已经成为移动互联
网时代各大公司渴望拥抱的对象。

◆ 在汹涌而来的互联网大潮中，银发族的互联网生活发展
得有些缓慢。其实，休闲时光更充足的老年人对一些有
娱乐和运动功能的 App 的需求，有时比年轻人更强烈、
更迫切。

引言

从拨号上网到"互联网+"时代的全面到来，从全民学五笔输入法的热潮到语音输入、实时翻译，曾经的"网虫"孕育出新一代的"数字原住民"，互联网进入我国 20 多年，覆盖的人群越来越广，网民受到的影响也越来越深。

互联网对国人的影响不仅体现在互联网普及率和网民规模上，更体现在那些因为互联网产生变化的人群及社会关系上。我们从互联网的学习者、使用者，转变为利用互联网不断创新、建立规则的革新者、创造者。

少年、青年、老年，城市居民、农村居民，不同的人群因为互联网的出现而重新认识自我，发现更大的世界，找到独特的身份认知。应当特别注意互联网对特殊人群的影响和改变。未成年人、老年人、残疾人等都是不可忽视的力量群体，不应该让他们在互联网的快速发展中掉队。

4.1　互联网改变圈层关系

互联网带来的一个最大改变，就是可以跨越时间和空间，将身处不同地区、拥有不同文化背景的人们联系到一起。这种改变使得"圈层"被赋予了新的含义。在互联网出现以前，圈层大都因为具备相似的经济条件、地域特征、生活形态、艺术品位而产生联系。在现实生活中以年龄、性别、地域、职业、学历等进行分类的人群，其标签在互联网的世界中可以被轻易撕下，因为兴趣爱好、职业习惯、明确目的而产生的圈层逐渐流行，圈层之间的流动也变得顺畅起来。

4.1.1 人群关系：从陌生人到半熟人

互联网诞生之初，人们大多把它当成获取信息的工具。人们在网络上获取信息，在现实生活中交换、分享这些信息。BBS 社区和社交软件出现后，社交代替信息获取成为网民更为重要的上网目的。从一对一的沟通到在一个网络社群或社区中的互动交流，人们的社交对象开始从现实生活中的熟人变为网络中的陌生人。基于相似的兴趣或者共同的目的，这些陌生人又因为经常沟通交流而成为"半熟人"。

这些来自天南海北的网友，在网络上组成了一个又一个的社群。这些网络社群具备稳定的群体结构和较为一致的群体意识，成员有一致的行为规范、持续的互动关系，成员间分工协作，具有一致行动的能力。网络社群的出现使得信息传播的效率更高，但它的本质依然是连接。网络社群集合了人与人的连接、资源与资源的连接、信息与信息的连接、商品与顾客的连接，等等。它的出现加速了信息的流动，也让陌生人之间的交流变得更加高效。QQ、微博、微信等社交工具的出现加速了网络社群的进化，网络社群分类的颗粒更加细化，网络社群场景的内涵更加丰富，网络社群运营也被越来越多的人所重视。

4.1.2 社群经济与"奇葩"网络社群

如今，网络社群在我们的日常生活中已经非常常见，现在几乎人手数十个社群。关于工作有专门的工作群，关于生活有小区交流群，关于孩子有学校家长群，还有各种因为兴趣或需求产生的运动群、读书群、影视群、购物群、美食群……

随着网络社群的不断流行，社群营销也逐渐兴起。由于互联网的聚拢效应，一群有共同兴趣、认知、价值观的用户聚集在一起互动、交流、协作，产生了蜂群效应，对营销本身具有反哺的作用。社群经济的发展也催生了社群营销的流行。

举个例子，有广场的地方就有广场舞。当这种独特的社会现象被用心经营，"广场舞大妈"们就成了网络社群营销对象的代表之一。

▶ 案例

"广场舞大妈"们的网络社群价值

国家体育总局曾公布过一项数据，据不完全统计，全国经常参加广场舞健身的人群已经超过1亿人。不只是数量庞大，在互联网公司眼中，"广场舞大妈"们还具备有钱有闲、爱运动、爱健康的特征。"广场舞大妈"们往往是家庭的流量担当，"得'大妈'者得天下"的思路也造就了社群营销的典范。

正是看到了这个人群的价值，广场舞 App 如雨后春笋般出现。2015年，互联网创业者们希望通过线上社区沉淀广场舞人群的流量，两年内有 60 余个广场舞 App 上线，其中有数十家拿到了融资。

如何更好地为"广场舞大妈"们提供服务，做好这部分人群的运营工作？诸多有经营头脑的创业者开始了实践。2015 年，某广场舞鞋品牌创始人林某利用互联网的"免费"思维，联系了 3 万名广场舞舞蹈队的队长，送出了 3 万双舞鞋，通过这些人，利用网络社群，触达 100 万名广场舞爱好者和 100 万户家庭。通过广场舞爱好者的试穿和社群营销，该品牌生产的舞鞋产生了口碑效应，销售变得简单直接。据媒体报道，该品牌一个网络社群的转化率最少是 50%，一个群一天的销售额可以达到 10 万元，总共卖出了 100 余万双广场舞鞋。

在广场舞的"江湖"中，队长就是意见领袖。"广场舞大妈"对商家的选择，更多地取决于队长。正因如此，舞蹈队队长成了多家商家平台争抢的"香饽饽"。商家通常给队长发送商品优惠券、小风扇、保温杯甚至现金红包等小礼物，希望通过打动队长从而打动其所辐射的人群。广场舞网络社群的价值体现在人群足够精准、组织足够高效，不过对于精打细算了一辈子的"广场舞大妈"们来说，要让她们花钱购买商品，还得用过硬的产品质量和较高的性价比说话。

社群经济的发展离不开信任关系。建立在产品与粉丝群体之间的情感信任和价值反哺的共同作用，形成了一个自运转、自循环的范围经济系统。产品与消费者之间不再是单纯功能上的连接，产品功能之外的诸如口碑、文化、格调、魅力等特征，通过网络社群成员之间的推荐、认可、背书，增强了消费者对产品的信任。每一次产品营销也在考验着这种情感上的无缝信任，长期稳定的信任关系可促使整个网络社群的生态朝着更稳固的方向发展。

在"广场舞大妈"的网络社群案例中，企业营销的重点对象很可能是现实生活中以"队长"身份出现的群主，或是整个网络社群中具备号召力的成员。伴随着网络社群经济的不断发展，即使是在现实生活中几乎毫无联系的人群，也可以基于共同的目的聚集在一起。网络社群的规模变得更原版小说。

朋友圈中这群励志者的打卡行为，正是当下知识付费热潮的真实写照。学英语、学习职场课、学编程、学钢琴，这些让自己变得更好的朴素愿望促使在线教育蓬勃发展。在朋友圈分享成绩单和网络社群打卡的行为，一方面加深了打卡人群的身份认知，让他们找到一种归属感；另一方面，这些分享行为也在向潜在目标人群招手，吸引更多人加入。

从微信朋友圈分享到特定的网络社群分享，传播的对象变得更加精准，同时减少了对非目标人群的干扰。这种成本较低的网络社群推广模式，在一定程度上刺激了注重内容运营的知识付费的发展。然而，由于知识付费领域本身存在泡沫，不少人会因为被偶然因素刺激或跟风心理作祟，冲动消费。随着时间的推移，这些人也在学习的过程中逐渐分层，最终沉淀下那批较为理性、真正具有刚需的用户。

▶ 案例

自制辣酱的走红和拼多多的出现

网络社群经济的另一个代表——小区业主群自发地出现了各种商业。

"我们的小区业主群简直就是个宝藏。"卖辣酱的，团购苹果、大出售二手家具以及闲置母婴用品的，不少精明的业主看到了小区社群的商机，做起了专职的网络社群生意。

业主群里东西之所以好卖，一是因为小区业主都是半熟人的关系，为地理位置处于同一个小区，物流成本降到了最低。这两大特点了一批社区创客，诸如会做几道拿手菜的退休阿姨、老家有苹果市白领、全职带娃的二胎妈妈等，很多人都可以轻松地找到目标

小，成员的流动性变得更大，网络社群的生命周期发生了变化，营销方式也变得更灵活，创新性更强。

除了在网络社群里营销实体商品，精神层面的消费也开始变得流行。

▶ 案例

"夸夸群"

2019 年 3 月，以"夸夸群"为代表的"奇葩"网络社群开始走红。据媒体报道，一位女网友在妇女节收到了男友的一份特殊的节日礼物——这位女网友被拉进了一个"夸夸群"，上百名群友轮流把她"夸上了天"。一时之间，这种以夸人为主题的微信群受到热议。

在购物平台上搜索"夸夸群"，跳出的信息可不少。"夸夸群"的夸人时间从 3 分钟到 10 分钟不等，收费从 10 元到几十元不等。在产品功能介绍上，一位卖家如此宣传——有文化、不低俗，夸父母、夸情侣、夸老板、夸同事、夸自己，重拾自信……顾客进入"夸夸群"后，群主会先在群里介绍被夸的人，然后群成员开始自由发挥来夸人。时间到后，群主将被夸者移出群聊，发红包"打赏"群成员。

从顾客的角度来看，夸自己、夸孩子、夸情侣、夸朋友等，大都是为了收到正向的评价，缓解压力。提供"夸人"服务的人除了群主自己，还有兼职人员。在一些"夸夸群"中，群成员之间互不相识，群主接单后在网络上招募夸人的成员，临时组成群组，提供服务。由于费用低廉，方式灵活，这种"夸夸群"曾一度走红。

"夸夸群"流行后，表现形式完全相反的"怼怼群"也开始流行。所谓"怼怼群"，简单来说，就是结群批评顾客。在购物网站上，"怼怼群"的介绍里这样写道——我们骂醒因失恋而一蹶不振的你、浪费时间的你、不好好学习的你……在一些网络社群中，群主会要求必须"文明怼"，不能带脏话，不能有侮辱性的语言。

虽然一时之间引发全民热议，但"夸夸群"和"怼怼群"的实际情况却是火得快，也凉得快。不到一个月，"夸夸群"和"怼怼群"在引发媒体关注后开始迅速降温。这种速生速朽的现象说明，社群的偶然火爆可能源于一瞬间的需求或者一个灵光乍现的创意，但想要长远发展，还得靠"刚需"，或因为兴趣驱动，或因为学习诉求，或因为工作需要，甚至是纯粹的休闲放松。一个社群要想保持健康持续的发展，找到独特的价值定位是核心。

4.1.3 网络社群催生创客大军

在 2014 年 9 月的夏季达沃斯论坛上，国务院总理李克强提出，要在 960 万平方公里的土地上掀起一个"大众创业""草根创业"的新浪潮，形成"万众创新""人人创新"的新态势。

随后几年，大众创业、万众创新的"双创"热潮席卷全国，众创空间、中关村创业大街、各种创业大赛等成为"双创"发展中的缩影。

"互联网+"的快速发展让普通人有了更多的创新、创业的机会。网络社群的出现，让"双创"的形式更为灵活，创业活动开展得如火如荼，一大批有梦想、有意愿、有能力的人开始在更广阔的平台上施展拳脚。

▶ 案例

自律带来的自由——陪伴式服务的兴起

"你想拥有马甲线，告别大肚腩吗？每天运动 30 分钟以上并打卡，群里会有班主任和助教随时监督。如果你能按时完成打卡任务，就能更低的价格购买后续服务或者直接减免当期的部分费用。如果你不持，可以选择退出，或者交纳一定金额的红包当作对懒惰的惩罚。"当代人对于健康的逐渐关注和不断追求，这样的健身打卡群、饮群等社群流行起来。严格控制热量的食谱加上每天不少于 30 分钟打卡，不仅有助于打造健康的身体，还可以挑战惰性，培养意志。

这种运动打卡、饮食打卡的创业本质是一种陪伴式服务。性制定的专业食谱和运动课程表之外，创业者付出更多的是和鼓励。人们对健康和美的追求一直都在，但由于工作压力，人意志难以坚持。网络社群的作用则是基于共同的目标，之间对努力程度的"攀比"心理和一定的物质奖励，提供

▶ 案例

打卡背单词背后的知识付费热潮

"今天是你坚持打卡的第 7 天，再坚持 14 天手。""我已坚持背单词 135 天，打败 46% 的参与信朋友圈里都有一群英语爱好者。当别人正在月候，他们在背单词；当别人在朋友圈抱怨堵车、

客户群。

但在实际运营中，生产能力和口碑显得尤为关键。产品质量不好，不仅会影响未来的生意，还容易伤了邻里和气。而那些受到欢迎的自制"爆款"，虽是薄利多销，但依然难以产生规模效应。受制于上游的供应链规模，一些创客最终还是选择了"自制＋推荐"的模式，凭借自身在网络社群里的口碑效应推荐商品，赚取差价或销售提成。

以拼多多为代表的社交电商正是利用拼单模式进入市场。拼多多最开始是在各种小区群中推广。电风扇、旅行箱，拉好友帮忙砍价，只要人数够多，这些商品最终可以免费获取。2人就能成团及全国包邮的拼单模式让"拼购"变得门槛更低、更省心。拼多多出现后，小区中原本零散的农产品销售虽然受到了一定冲击，但平台的出现也让农民和小商品经营者的销售渠道得以扩大。不过，售假风波也让这种模式备受争议。

网络社群的产生对于"双创"的发展有着积极的意义。无论是大众创业，还是万众创新，作为推动我国经济结构调整、创新发展的新引擎和新动力，都离不了一个"众"字。对于我国这样一个庞大的经济体而言，如果只有少数市场主体在发挥作用，显然难以满足全国市场的需要。

网络社群这种较小的社会关系单位中涌现出了不同规模的创客，但在其发展过程中，会因为规模限制和自身的封闭性、局限性产生问题。此外，假冒伪劣、被夸大宣传的产品也会破坏整个网络社群的生态。

为了保护用户体验，随着微信的发展而崛起的微商开始被列为监管对象。微信开始限制使用微信外挂、非客户端模拟器的账号登录，以打击虚假微商。2019年1月1日，《中华人民共和国电子商务法》正式实施，根据规定，电子商务经营者应依法办理市场主体登记。换句话说，无论代购、微商还是电商，都需要营业执照。

网络社群既可以在最大范围内推动人、财、物等各种市场要素自由流动，也可以倒逼不合理的体制机制实现改革突破，最终提升整个经济的运行效率。从这个层面看，它的出现对于整个互联网的人群具有积极的意义。

4.2　不容忽视的力量

随着人口红利的下降，互联网的"主力群体"——中青年用户已经表现出数量增长乏力的趋势，青少年群体和 50 岁以上的网民规模在不断扩大，但依然存在大量非网民。根据 CNNIC 第 43 次《中国互联网络发展状况统计报告》，截至 2018 年 12 月，我国非网民规模为 5.62 亿，其中城镇地区非网民占比为 36.8%，农村地区非网民占比为 63.2%。使用技能的缺乏和文化程度的限制是非网民不上网的主要原因，见图 4-1。

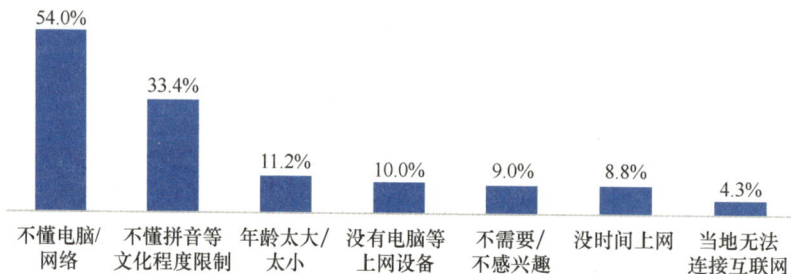

图 4-1　非网民不上网原因分析

（来源：CNNIC 第 43 次《中国互联网络发展状况统计报告》，2019 年 2 月）

提升上网技能、降低网络使用费或提供相关设备、满足日常需求，是促使非网民上网的几大因素。40% 左右的非网民因能卖出农产品等帮助增加收入和方便获取医疗健康信息等专业信息而上网，16.4% 的非网民因互联网方便购物而愿意上网，见图 4-2。

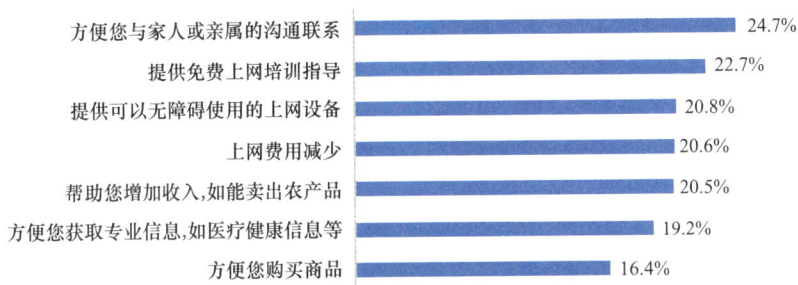

图 4-2 非网民上网促使因素分析

（来源：CNNIC 第 43 次《中国互联网络发展状况统计报告》，2019 年 2 月）

随着互联网普及率的进一步提高，这些还在被忽视的力量将产生巨大的价值，网民中的特殊群体——未成年人、老年人和农村居民，他们会有更好的上网体验，享受更为便利的服务。互联网的普及成为解锁这部分人群需求的"金钥匙"。

4.2.1 青少年模式开启：未成年网民的喜乐与哀愁

未成年人群是祖国的未来和希望，作为与互联网共同成长的"数字原住民"，这部分人群对于互联网有着天然的亲近。但由于年龄小、自控力弱，该人群的数字素养有待提升。面对五花八门的网络信息，一些青少年用户缺乏甄别能力，如果不加引导，放任其沉迷于网络，或者对其进行粗暴的干预，不仅会影响他们的身心健康，也会给整个社会带来损失。

2018 年 6 月，世界卫生组织在第 11 版《国际疾病分类》中加入游戏成瘾（gaming disorder）并将其列为精神疾病。《人民日报》"人民时评"栏目发表评论称，"防止青少年沉迷网络，不仅是一个公共卫生课题，也是一项社会治理挑战"。

除了游戏，短视频也成为青少年群体"杀时间"的利器。共青团中央维护青少年权益部联合 CNNIC 发布的《2018 年全国未成年人互联网使用情况研究报告》显示，截至 2018 年 7 月 31 日，我国未成年网民规模为 1.69 亿，未成年人的互联网普及率达到 93.7%，他们的互联网活动中，网上学习、听音乐、玩游戏、聊天、看短视频是排在前五的互联网活动。87.4% 的未成年网民会利用互联网学习，而未成年网民看短视频、视频的比例分别为 40.5%、38.5%，见图 4-3。

面对产业的需求和用户的迷茫，政府指导力量不能缺席。为切实加强青少年网络文化建设，不断满足青少年的网络文化需求，服务青少年的健康成长，共青团中央自 2007 年起在全团开始实施青少年网络建设工程。中宣部等部委于 2017 年底印发《关于严格规范网络游戏市场管理的意见》，对网络游戏违法违规行为和不良内容进行集中整治。教育部等八部门于 2018 年联合印发《综合防控儿童青少年近视实施方案》，要求"控制电子产品使用""实施网络游戏总量调控"。解决青少年网络成瘾这个难题，单靠管理部门的努力远远不够。对于企业来说，追求利益无可厚非，但漠视责任终究会受到法律严惩。

随着《关于严格规范网络游戏市场管理的意见》的发布，违规游戏内容的清理整顿工作得到推动、落实，健康、规范的行业环境逐渐形成。大型游戏厂商开始尝试多种技术手段，以预防网络游戏对未成年人用户可能造成的不良影响。各类游戏防沉迷系统、人脸识别软件、强制公安实名验证、未成年人游戏消费提醒等技术手段可对未成年人用户的游戏时长和付费行为进行管理。例如，腾讯公司采用了限制未成年人游戏时间、严格控制未成年人游戏类型等手段。针对 2019 年 5 月 8 日正式上线的某款手机游戏，腾讯宣布开始 "16+" 的试点运行，即根据健康系统的公安实名校验结果，仅允许年满 16 周岁的玩家登录游戏。

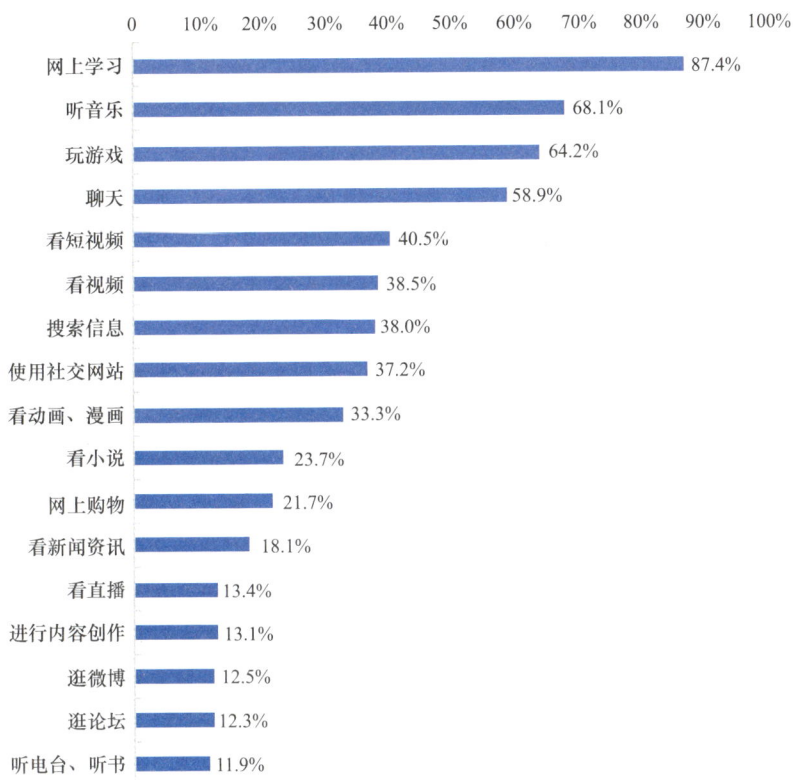

活动	比例
网上学习	87.4%
听音乐	68.1%
玩游戏	64.2%
聊天	58.9%
看短视频	40.5%
看视频	38.5%
搜索信息	38.0%
使用社交网站	37.2%
看动画、漫画	33.3%
看小说	23.7%
网上购物	21.7%
看新闻资讯	18.1%
看直播	13.4%
进行内容创作	13.1%
逛微博	12.5%
逛论坛	12.3%
听电台、听书	11.9%

图 4-3　未成年网民上网从事各类活动的比例

（来源：CNNIC《2018 年全国未成年人互联网使用情况研究报告》，2018 年 7 月）

2019 年 5 月 28 日，国家网信办统筹指导西瓜视频、全民小视频等 14 家短视频平台，以及腾讯视频、爱奇艺等 4 家网络视频平台，统一上线了青少年防沉迷系统。加上此前试点的抖音、快手、火山小视频平台，国内已有 21 家主要网络视频平台上线了青少年防沉迷系统。

重拳整治网络空间秩序，规范青少年网络使用，体现了管理部门的决心。企业不贪图短期利益，采取防沉迷措施，是落实社会责任的举措。另一方面，预防青少年沉迷网络，家庭和学校的教育及引导不能缺失。强制命令、一味禁止容易激发逆反心理，引导孩子健康上网、正确用网，加强与孩子的沟通和陪伴，多方发力、齐抓共管，方能让青少年远离网络沉迷。

4.2.2 崛起的力量：小镇青年的向往

不同于大都市人面临紧张的工作压力和快节奏的生活，三四线及以下城镇人群的互联网生活呈现出了不同的特征。2018 年，拍拍贷和《南方周末》联合发布了《相信不起眼的改变：2018 中国小镇青年发展现状白皮书》（以下简称白皮书）。"小镇青年"这个词开始出现在主流媒体的视线中。

白皮书定义，小镇青年是指出身于三四线及以下的县城、乡镇，在老家生活工作或前往大城市及省会周边城市打拼的青年。也是在这一年，以快手、拼多多、趣头条等为代表的移动应用表现出了对于三四线及以下城镇的强覆盖，小镇青年人群的互联网生活也开始受到关注。

随着改革开放的发展，我国小镇青年的家园较早地完成了城镇化的现代历程，当农村孩子还在忙农活儿时，小镇青年已经过上了"逍遥"的生活。白皮书显示，小镇青年不是最能赚钱的，却是很敢花钱的。45.4% 的小镇青年月收入为 5000~9999 元，近一半都花在了吃喝上面，在可承受的范围内，总体上有八成小镇青年会考虑提前消费，见图 4-4。

不是最能赚的，但是很敢花的

⊙ 45.4% 小镇青年月收入水平为5000～9999元，赚的不多，但是很敢花，在可承受的范围内，有八成的小镇青年会考虑提前消费。

小镇青年个人月均收入水平		有过哪些提前消费的经历	
0 ～ 4999 元	28.1%	信用卡消费	62.4%
5000 ～ 9999 元	45.4%	互联网信用消费，如花呗	61.9%
10 000 ～ 14 999 元	15.3%	银行贷款	20.3%
15 000 ～ 19 999 元	4.9%	向他人借钱	20.3%
20 000 ～ 24 999 元	2%	向互联网借贷平台借，如蚂蚁借呗、拍拍贷	22.8%
25 000 ～ 29 999 元	1.7%	没有提前消费经历	8.5%
30 000 元及以上	2%		
无固定收入	0.6%		

图 4-4　我国小镇青年的消费情况

（来源：拍拍贷和《南方周末》发布的《相信不起眼的改变：2018 中国小镇青年发展现状白皮书》）

　　除了吃喝，小镇青年对短视频、手游和网络 K 歌等休闲类互联网应用也表现出了热爱。这部分人群的市场也因此成为各大互联网企业争相竞逐的蓝海。

　　2019 年 5 月，快手大数据研究院联合《中国青年报》等机构，通过挖掘和分析快手平台上 2.3 亿小镇青年的生活、学习、职业、消费、兴趣等维度的数据，推出了《2019 小镇青年报告》（以下简称报告）。这是快手首次对小镇青年用户群体进行剖析，并将小镇青年这个概念具象化地呈现在人们眼前。数据显示，2018 年，小镇青年在快手上发布了超过 28 亿条短

视频，视频播放量超过 26 000 亿次，获赞数超过 800 亿条，获得了 180
多亿条评论。

　　报告中的一些数据改变了人们对于小镇青年的刻板印象。报告称，小
镇青年爱学习。技能、科普、美食制作、乐器等学习型视频的观看占比，
小镇青年是城市青年的 8 倍，见图 4-5。

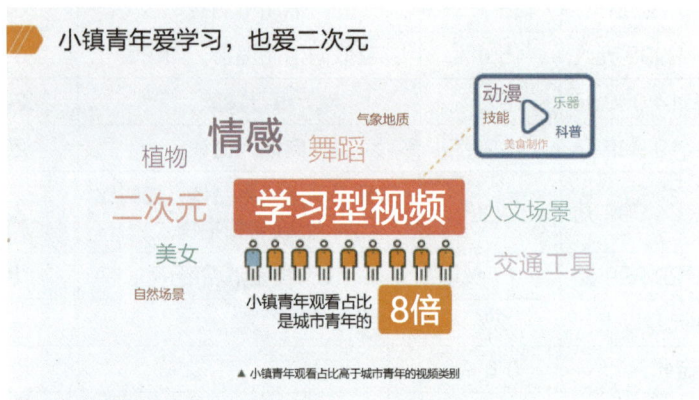

图 4-5　小镇青年爱学习

（来源：快手大数据研究院推出的《2019 小镇青年报告》）

　　一线城市青年的自主学习主要是出于对生存的焦虑，但小镇青年更多
是为了兴趣。相比深受城市青年追捧的《薛兆丰的经济学课》，"30 秒教
你学会做蛋挞"和"养猪育种经验"等短视频对于小镇青年更有吸引力。
根据兴趣去学习和创业、改变自身经济状况成了小镇青年的一大特征。与
一二线城市的高科技创业不同，小镇青年的创业比较务实。报告称，小镇
青年的创业方向主要集中在饮食类、演艺类及养殖类。蛋糕、零食、养蜂、
辣条等创业关键词的背后是周期短、现金流强的创业领域，见图 4-6。根
据快手公布的数据，2018 年，超过 1600 万人在快手平台获得收入，其中

约 340 万人来自国家级贫困县。

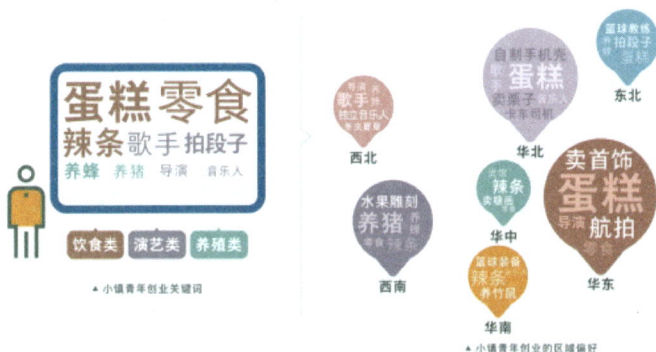

图 4-6　小镇青年创业关键词

（来源：快手大数据研究院推出的《2019 小镇青年报告》）

　　小镇青年的崛起，离不开我国城镇化建设的推进和互联网整体覆盖率的提升。移动互联网资费的降低、网速的提升和智能手机的普及，让小镇青年拥有了不输于一二线城市的上网环境。跟一二线城市的年轻人与白领阶层相比，小镇青年大多不必面对房贷压力，工作压力相对较小，拥有更多可自由支配的资产以及时间，具有创业的天然条件。随着移动互联网的普及，"有钱有闲"的小镇青年在一定程度上已经成为互联网公司更加渴望拥抱的对象。

4.2.3　银里藏金：银发族的触网新体验

　　手指滑动屏幕，智能手机上五颜六色的 App 不停滚动，只要轻轻一点，另一个缤纷世界就跃然眼前。在这样汹涌而来的互联网大潮中，银发族的互联网生活却进展得有些缓慢。手机打车、移动支付、发文字、玩微视频，银发族似乎都是动作最慢的一群人。其实，休闲时光充足的老年人对一些有娱乐和运动功能的 App 的需求，有时比年轻人更强烈、更迫切。更好地服务于这个群体具有现实意义。

根据 CNNIC 发布的第 43 次《中国互联网络发展状况统计报告》，50岁以上的网民比例由 2017 年的 10.5% 提升至 2018 年的 12.5%。"银发经济"的风已经刮了好几年，中老年人群的互联网生活究竟有了哪些变化？

了解银发族的互联网生活，可以从这一群体使用的互联网应用开始。2018 年，中国社会科学院社会学研究所与腾讯社会研究中心等联合发布了《中老年人互联网生活研究报告》（以下简称报告），报告以 50 岁及以上人群为研究对象，通过数据分析和典型现象刻画了中老年人的互联网生活。

报告称，中老年人对互联网的应用集中于沟通交流和信息获取方面。绝大多数（98.5%）中老年人都会用微信聊天，超过八成会在微信里发表情包或图片、点赞、接收或发红包，近七成会拍摄和转发小视频。而对于生活应用，中老年人使用网络的比例相对较低，四成中老年人会在网上缴纳手机费，三成左右的中老年人会在网上购物、用手机导航，1/4 左右的中老年人会用打车软件或在网上缴纳水、电、气等生活费用，而会网上挂号、订火车票机票、订宾馆等的中老年人所占比例则较低。

关心银发族应从网络安全着眼。报告称，中等收入及以上、有经济自主性的中老年人在互联网上的受骗比例较高。如果将受骗广泛定义为诈取钱财、欺骗感情、传播谣言、虚假宣传等，那么在互联网上当受骗过（或者疑似上当受骗过）的中老年人比例高达 67.3%。欺骗中老年人的主要渠道是朋友圈（69.1%）、微信群（58.5%）以及微信好友（45.6%）。欺骗中老年人的信息类型主要是免费领红包（60.3%）、赠送手机流量（52.3%）和优惠打折团购商品（48.6%）。值得注意的是，中老年人发觉受骗之后寻求帮助的比例较低。有68.3%的中老年人表示"不寻求帮助，就当作教训"，67.2%选择"告诉家人朋友以防再次受骗"，只有25.9%和17.9%的中老年人会选择向子女和朋友求助，而表示会选择报警求助的仅有0.6%。由此可见，中老年人维护自身权益的意识还需要强化。

网购、骑共享单车、玩直播，打造针对中老年人的智能产品，跨越中老年人数字生活的鸿沟，这是互联网更文明的体现。充分享受互联网生活的中老年人有的还因为"会玩"成了"明星"。

▶ 案例

金香奶奶的"网红"生活

60多岁的王金香是全民K歌的网红主播，每周直播两次，每次直播3小时。"出道"3年来，家住北京朝阳区的金香奶奶通过上传自己演唱的歌曲、直播互动等方式，录制了上千首歌，在全民K歌上收获了足足22万粉丝，成了具有丰富精神生活的老年人的代表。

连麦、自拍杆、直播架、化妆品……为了直播和作品能不断进步、带给粉丝新鲜感，王金香经常在直播时加入一些亮点，比如精心搭配的服装、编排过的手势动作和配合演出的道具等。

其实，王金香最初玩直播并不顺利，话筒怎么用、怎么录歌、如何在直播中和大家互动，对她来说都是新鲜事。她就在直播上和网友们商量，一边直播一边学习。久而久之，粉丝变成了朋友，王金香也从"金香奶奶"变成了"香姨"和"香妈"。

"厉害了我的姨，唱得太好听了！""老年人就应该像您这样，想唱就唱，活出自我！"在王金香的每首作品下都有粉丝的热情留言。王金香表示，她想把自己老年生活的快乐带给大家，让粉丝们觉得自己老了也会像她一样快乐。

▶ 案例

年薪40万元招聘中老年产品体验师

2018年初，阿里巴巴发布社会招聘公告，以35万到40万元的年薪，招聘2名淘宝产品体验师。该招聘要求应聘者的年龄在60岁以上，广场舞达人、社区居委会成员优先。此次招聘的产品体验师将供职于"亲情版淘宝"用户体验团队。

招聘公告发出后，迅速引发了热议。该消息发布仅1天，阿里巴巴就收到了1200余份简历，年龄最大的应聘者83岁。据阿里巴巴统计，应聘男女比例约为3∶7，求职者多居住在江浙沪地区，大专、本科学历的占一半，有博士、硕士，甚至还有用双语进行申请的。

2018年1月29日，阿里巴巴邀请10位应聘的老人开了一场线下沟通会。"我2005年注册淘宝，现在芝麻信用分797分""我2006年注册淘宝，特别喜欢小米的产品，至今抢购小米手机36台"……老人们别开生面的自我介绍生动地展现了他们的互联网生活。

2018年5月21日，浙江理工大学的退休副教授、64岁的刘艳萍，从3000多名中老年应聘者中脱颖而出，担任阿里巴巴老年大学的开幕讲师，帮助150位同龄"学生"开启网购之旅。据媒体报道，自2010

年从讲台退休后，刘艳萍就把精力投入唱歌跳舞中，成了当地社区广场舞 KOL（关键意见领袖），还创立了自己的艺术工作室，相关报道见图 4-7。

图 4-7　媒体关于刘艳萍的报道
（来源：浙江日报官方微博）

之所以重金聘用中老年产品体验师，是因为阿里巴巴看到了我国老龄人口的消费实力。阿里巴巴 2018 年的数据显示，仅淘宝平台就有近 3000万银发族消费者，其中，50 ~ 59 岁的临退休人群占比高达 75%。2017 年我国 50 岁以上人群的人均消费近 5000 元，人均购买商品数达到 44 件。为这部分人群做好服务不仅能够获得经济效益，而且能充分体现互联网的普惠特点。

尾声

网民规模世界第一、网络零售居全球首位、数字经济规模全球第二……了解我国互联网的人群特征，有助于剖析网络大国快速发展的秘密。

互联网人群整体规模不断壮大，触网体验门槛越来越低，互联网的发展给国人的生活带来了真切的变化。移动互联网兴起后，个体、家庭、网络社群在互联网的作用下发生了多样的变化。素不相识的人可以因为共同的目标一起努力，活跃在网络上的创客大军也凭借勤奋和汗水有了收获。

曾经被忽视的小镇青年和银发族的互联网生活开始有人在意，伴随数字时代成长的未成年人的上网健康有人关心，老年人的互联网生活有人指导。从家庭出发，用市场的手段运营，从监管层的角度给予指导，在互联网发展进步的过程中，人人都不应缺席，维护好共同生存的网络空间，人人都有责任。

未成年人网络保护机制的建立和针对老年人展开的精准互联网科普工作已经表达了监管层清晰的态度：尊重、服务不同人群，出台相关政策，提供专业帮助，让那些需要被关注的人群更好地获取互联网的红利，让国民能够更便利、更健康地享受互联网生活，这是网络强国对所有互联网人群的庄严承诺。

第五章

互联网提升公共服务效率

本章导览

◆ 互联网特别是移动互联网的发展，正推动公共服务发生深刻变化。"互联网＋公共服务"带来的不仅仅是效率的提升，还有理念意识的改变。

◆ 在人力资源和社会保障（人社）服务领域，政府提出变"群众跑腿"为"信息跑路"，不断推动相关服务的互联网化、数字化进程，以实现高效的政民互动。

◆ 在医疗健康领域，互联网带来的新技术和商业模式不断渗入医疗的各个细分领域，让患者、医生、医院三方关系得以有效处理，产业链价值得到重新分配。

◆ 在公共出行领域，一些地方依托大数据、人工智能等技术，动态分析居民的出行需求分布，进行线路规划、班次调整等，带动公交管理模式走向精细化，提高了出行效率，为居民带来了更好的出行体验。

◆ 在公共安全领域，互联网及相关技术正为提升人民群众的安全感保驾护航。

引言

用一个小程序囊括一个省的政务服务，用一部手机轻松完成从挂号到报销的流程，交通更智慧，公共出行更便捷，大数据、人脸识别、区块链等技术提升了城市公共安全水平，人民群众越来越有获得感、安全感、幸福感……借助云计算、大数据、移动互联网和物联网，政府公共服务的主动供给能力不断提高，为公众提供了流程更简、效率更高、体验更好的公共服务。

变"群众跑腿"为"信息跑路"，"互联网＋公共服务"带来的便利离不开各项数字化技术的不断进步。数字化技术已经成为推动公共治理和公共服务创新的重要动力。在线化、云端化、移动化、数据活化、智能化、O2O 化和自服务化 7 个目标，为更智慧的公共服务指明了方向。一体化的在线服务大厅，云端化的集约式规划，移动化的多屏互动入口，大数据的分析运用以及让用户真正参与的流程……多种信息化手段的综合运用让公共服务的效率得以提升。

回顾我国政府职能转变的总体进程，互联网对于公共服务效率的提升作用不言而喻，但比效率更重要的是理念意识的不断改变。从"划桨"到"掌舵"再到"服务"，"互联网＋"思维不断推动着政府职能的转变，特别是在公共服务领域，不断涌现出新的价值范畴和实践逻辑。

明确了思维方式，还需要自上而下的维新、挑战沉疴的勇气和持续落地的务实。2016 年的政府工作报告首次提出要大力推行"互联网＋政务服务"，并为其指出明确的方向——"实现部门间数据共享，让居民和企业少跑腿、好办事、不添堵。简除烦苛，禁察非法，使人民群众有更平等的机会和更大的创造空间"。随后的 2017 年和 2018 年，国务院总理李克强连续两年在政府工作报告中对"互联网 + 政务服务"做出了进一步部署，要求进一步推进政务服务"一网通办"，让群众办事"只进一扇门""最多跑一次"。

"少跑腿、好办事、不添堵"，简简单单的 9 个字，不仅强调了公共服务的高效率，更体现出公共服务的温度。互联网和数字技术只是手段，让人民有获得感才是根本。由"政府端菜"到"群众点餐"，我国政府公共服务模式的转变也是增强人民群众获得感的一次实践，实践的结果已经体现出政府的决心和勇气。如何持续地把人民摆在"C 位（中心位置）"，提供更高效的服务和更有温度的管理，进一步考验着政府的大智慧，"数字政府"的建设仍需要加速推进。

"数字政府"的建设不是简单的政府信息化工程，而是政府运行和信息化的深度融合，是一项全方位、系统性、面向未来的政府改革工程。应当紧紧抓住当前党和国家机构改革的历史性机遇，加快理顺数字政府建设体制机制，以新思维统筹规划数字政府的推进路线，加快数字政府的推进步伐，更好地建设人民满意的法治政府、创新政府、廉洁政府和服务型政府。

5.1 数字化人社服务：变"群众跑腿"为 "信息跑路"

民生问题是当今我国社会所面临的重要课题，让人们过上幸福美好的生活是发展的重要目标。人力资源和社会保障部（以下简称人社部）统筹机关、企事业单位的人员管理、城乡就业和社会保障，以上所有的工作都围绕"人"展开，涉及就业、社会保障、劳动关系、工资分配、人事服务，这些都与人民群众的自身利益密切相关，关乎民生。

早在 2002 年，我国便启动了"金保工程"①，迈出了人社信息化的第一步。随后，伴随着互联网新一代信息技术的发展，多个政府部门主动适应新形势。人社部于 2016 年印发了《"互联网＋人社"2020 行动计划》，其中提出，按照试点示范、逐步推广的模式分阶段推进"互联网＋人社"建设；同年，国办发 23 号文② 要求，2017 年，基本公共服务事项 80% 以上可在网上办理。该方案针对公众办事经常遇到的"办证多、办事难""奇葩证明、循环证明""冤枉路、跑断腿"等问题，部署"一号一窗一网"的解决措施。至此，人社的互联网化、数字化进入了新阶段。

移动互联网的发展使手机成为大众获取信息和服务的重要工具，在人社方面，手机有效提高了各种人社服务的用户触达效率。以微信为例，截至 2018 年 8 月，全国各级政府部门开通了 50 余万个政务微信公众号，为用户提供在线政务服务。用户可直接在线进行社保查询、医保支付、水电费缴纳、交通违法罚款缴纳、高考分数查询等，有效解决了传统人社模式中，依靠行政服务中心，要求群众线下跑腿、排队、结算，流程冗长烦琐的痛点。

---

① 金保工程是指利用先进的信息技术，以集中管理的数据中心为基础，以覆盖全国、联通城乡的信息网络为依托，支持人力资源社会保障业务经办、公共服务、基金监管和宏观决策等核心应用，安全、高效、全国统一的人力资源和社会保障电子政务工程。

② 《国务院办公厅关于转发国家发展改革委等部门推进"互联网＋政务服务"开展信息惠民试点实施方案的通知》（国办发〔2016〕23 号）。

▶ 案例

电子身份证：随身的证明

据《广州日报》报道，陈先生在办理出境旅游签证时，需要提供一位紧急联络人。陈先生想到了自己的母亲，但有关部门要求他提供关系证明，来证明"你妈是你妈"。在国务院常务会议上，李克强总理对此事给予严厉批评，他指出，让群众证明"你妈是你妈"简直是天大的笑话，他要求各级政府简政放权、取消非行政许可审批类别，真正让老百姓办事容易、办事简单。

证明"你妈是你妈"案例出现的一大原因在于，当时，公民户籍、教育、就业、生育、医疗、婚姻等基本信息处于分散、"割据"的碎片化状态，部门间、地区间不能很好地实现数据互通共享，这从侧面反映出我国政府系统信息化程度的不足。

2018年4月17日，由公安部第一研究所可信身份认证平台认证的"居民身份证网上功能凭证"首次亮相支付宝，有效解决了这一问题。此前，想要认证各种关系，需要到户籍所在派出所甚至居委会，带着户口本、身份证开具证明，十分麻烦。现在，通过支付宝电子身份证，就可以直接在 e 政务终端机上开具亲属关系证明。

电子身份证还有很多功能，不仅可以进行关系证明，还涵盖了社保自助服务、居住证自助服务、交通违法处理、公安证明等多个使用场景。电子身份证不仅在功能上实用便捷，而且在使用上具备极高的安全性。传统的身份证丢失后，很容易被不法分子冒用，风险很大。而电子身份证在使用时，需要指纹和刷脸双重认证。目前人脸识别技术的准确率达到99.99%，很难以假乱真，指纹更是难以被盗用，极大地降低了使用风险。

　　除了电子身份证，截至 2019 年 4 月，支付宝已推出 56 种证件的电子版，包括社保卡、驾照、结婚证等，都可以存在手机里，全国 200 余个城市已开始试点电子证件的使用，真正实现了证件从轻和流程从简，便捷省时。

▶案例

<h3 align="center">北京通App：畅享一站式城市人社服务</h3>

　　北京通 App 是由政府主导建设，以"互联网＋政务服务"为宗旨打造的一体化在线政务服务平台。它以实名认证为基础，汇聚个人电子卡证、政务服务、便民服务、资讯服务、区级服务、定制服务等功能（其服务功能见表5-1），让信息为民众跑腿办事，实现高效的政民互动。

表5-1　北京通App服务功能一览

服务类型	具体功能
政务服务	政务大厅、公积金查询、社保查询、北京 12345、积分落户、信用北京、开放北京、北京税务、婚姻登记、北京残联、民政一卡通、法人一证通、公开地图、养老助残卡、社保认证、公路造价
便民服务	预约挂号、小客车摇号、全景游北京、旅游一卡通、邮政速递、法律服务、阳光餐饮、随手拍、西站地区导航、公交一卡通、扫码挪车、助残地图、网络 E 通车、亿通行、北京高考、北京中考、驾照翻译件、健康生活、孝心体检、清霾行动、北京铁路、路侧停车
资讯服务	共有产权房、居住证办理、中小学入学、减税政策、出境游办证、博物馆查询、北京电影节、北京车展、GMIC、创业创新、副中心建设、深化新医改、3·15 资讯、专利申请指南、剧本超市
区级服务	东城社区、门城美景
定制服务	政务大厅、公积金查询、社保查询、小客车摇号、积分落户、养老助残卡、预约挂号

据不完全统计，北京市民平均每人手中有 5 张卡，最多者超过 20 张卡。以前，很多市民办理业务时，经常忘记带卡。各种卡片之间存在一道没有打通的"围墙"，互不认可。这导致很多人即使到了办事地点，由于证件不齐，只能再择期办理，很不方便。因此，多卡合一、整合卡片功能成为市民的普遍诉求，而北京通 App 凭借一张"虚拟卡"就解决了这一难题。北京通 App 的模式是，用 App 注册一张"虚拟卡"，身份证、社保卡、北京市居住证、驾照等的信息均可以被关联到虚拟卡上。

北京通 App 全方位地实现了人与政府互通、政府部门之间互通、人与卡互通、人与服务互通以及实名制，解决了信息孤岛问题，真正便民利民。数据显示，截至 2018 年 7 月，北京通 App 已有 34 万用户，下载量超过 200 万，可谓北京市民手机中的必备神器。

"让信息多跑路，让群众少跑腿"，这其中一多一少的变化事关民生工程，烦琐的人社事项通过"一张网"变得高效清晰。"脸难看，门难进，事难办"的抱怨越来越少，理解度和满意率越来越高。

更令人欣喜的是，在统一的思想下，各地的"互联网＋人社"依托自身地区的特点，走出了独特的道路。比如，上文介绍的深入践行"互联网＋政务服务"的"北京通"惠民工程利用一张虚拟卡打通各个关节，在平台中对市民身份进行认证后，便可以将其数据进行关联共享，进而优化服务。再如，不断刷新服务速度的浙江"互联网＋政务服务"，从过去的"四张清单一张网"变为现在的"最多跑一次"。又如，将分布在各业务部门的个人民生服务集约整合到一个平台上的"粤省事"小程序，帮助广东省打通了政务服务的"最后一公里"。

随着"互联网+"触角的不断延伸，安徽、河南等地的政府部门也加入了"互联网+政务服务"的行列，这一新型的服务模式已在全国遍地开花。

5.2 "互联网+医疗健康"：既加大油门又备好刹车

我国始终存在看病难的问题，其根源在于医疗服务供给与病人需求的矛盾。随着经济的增长和人们健康意识的增强，人们对医疗服务的需求不断增加，这进一步加剧了医疗服务的供需矛盾。三级医院人满为患，排队等候时间长，就医体验很差；与此同时，优质医疗资源也存在使用效率低下和浪费的问题。

"互联网+医疗健康"的出现优化了医疗资源配置，缓解了看病就医的难题，一定程度上解决了医疗资源与医疗卫生需求之间的矛盾。从2015年1月到2018年4月，我国推出了一系列与"互联网+医疗健康"相关的法律法规，引导整个医疗服务行业进行深度改革，促使行业向更加规范的方向发展。

互联网带来的新技术和商业模式渗入医疗行业的各个细分领域，使患者、医生、医院三方关系得到有效处理，产业链价值得到重新分配。

对患者而言，很多基础性健康问题均可通过在线问诊功能与医生进行交流，也可参与医生组织的在线课堂进行健康管理，从而省去小病也需跑医院的麻烦。从预约挂号、导诊候诊到最后的报告查询，各个环节也均可在网上完成，不必线下一一办理，有效节省了时间，提高了整体看病就医的效率。对医生而言，可以通过各类医疗App提供在线咨询服务，还可以借助互联网医疗工具学习专业知识，在提高工作效率的同时，还增强了业务能力。而对医院而言，互联网技术促进了医院系统的信息化建设，提高了运行效率，同时能扩大服务范围，增强品牌影响力。

▶ 案例

"微信智慧医院3.0"打通医疗全流程

2018年，国内社交用户量最大的应用平台——微信的日活用户已经超过10亿，超过50%的用户每天使用微信的时长超过90分钟。2013年，微信提出了智慧医院的概念，针对就医流程中的痛点，主动开放其核心能力，为社会提供连接医疗机构和患者、医生和患者的创新服务。

微信对医疗的改变主要体现在连接和支付模式的打通上。首先在连接方面，微信通过整合人社、医院信息系统、药企、保险等方面的资源，各方共同联动，大幅提高了医院、医生、患者，甚至医疗设备之间的连接效率。此前，一个病患，从挂号预约到医疗问诊、费用支付等，都需要亲自到医院办理，时间成本高，也有很多人因为程序烦琐降低了就医意愿。而现在，"微信智慧医院3.0"贯穿导诊、挂号、咨询、检查、支付、治疗、复诊等环节，看病就医难度大大降低。

其次，在支付方面，人们无须像以往一样，苦苦地在窗口前排队等待，现在可以通过微信在线支付、处方单扫码支付、终端机快捷支付等形式进行，不用再因缴费而往返奔波，也节省了医院的人力。同时，微信将医保、商保、自费等支付方式全部纳入，消费者可自由选择支付方式，也省去了事后报销的烦琐流程。

▶案例

"AI Doctor"辅助诊疗：平安好医生的探索

在广阔行业前景和利好政策的驱动下，新型移动医疗 App 作为医疗行业的新力量不断涌现。数据显示，截至 2019 年 5 月，共有 2000 余款移动医疗 App（其类型及主要平台见表 5-2）上线，涵盖寻医问诊、挂号 / 导诊、医药服务、健康管理等领域。

表5-2　移动医疗App类型及主要平台概览

类型	典型平台列举
寻医问诊	平安好医生、春雨掌上医生、问医生、丁香医生、健康在线、阿里健康
挂号 / 导诊	好大夫在线、微医（挂号网）、就医 160、就医宝预约挂号、翼健康、趣医院
医药服务	1 药网、叮当快药、健客网上药店、康爱多掌上药店
健康管理	美柚、大姨妈、护眼宝、优健康、育学园、爱康、丁香园
其他医疗	小豆苗、轻松互助、1 药网诊疗助手、宝宝生活记录

这里以平安好医生为例。平安好医生是平安集团旗下的互联网医疗健康平台，其业务主要有四大部分：家庭医生服务、消费型医疗、健康商城及健康互动和管理。平安好医生通过线上线下资源的整合，构建了"一站式"的医疗服务模式。

家庭医生服务使得"每个家庭拥有一个家庭医生"成为可能。平安好医生通过自聘全职医生、与社会化住院医师签约等形式，聚集了医师团队，由人工智能系统"AI Doctor"辅助工作。平安好医生 App 为用户提供了 7×24 小时的在线免费或付费的医疗咨询。同时，转诊、挂号、住院安排、第二诊疗意见及"1 小时送药"等全部可以通过平安好医生 App 完成。

平安好医生将人工智能用于医疗，创造出"AI 智能医生"。AI Doctor 人工智能医疗系统经过平安好医生超 4.1 亿人次咨询数据的训练，可以为用户提供 3000 多种常见疾病的咨询服务，相当于一个 24 小时在线的全科家庭医生，与病患进行交互，为病患提供问诊、用药及健康咨询。AI 智能医生弥补了现实中匮乏的医师资源，一定程度上满足了用户日益增长的医疗服务需求。

平安好医生官网资料显示，截至 2018 年 12 月底，平安好医生注册用户数达 2.65 亿，在我国覆盖了 3000 余家医院、1100 余家健康体检中心、500 余家牙科诊所和 7500 余家药房，建立起了覆盖面较广的健康医疗服务提供商网络。

总的来说，移动医疗 App 主要从三方面解决了医疗行业的痛点：第一，弥补家庭医生缺口，缓解线下医疗机构人力不足的压力，为医生和医院减负；第二，让每个家庭有可能拥有一个家庭医生，提供 7×24 小时、简单触达、优质的医疗服务，为患者提供便利；第三，通过应用人工智能、大数据等技术降低成本，为政府缓解社会医疗保险的成本压力。

作为移动互联时代的新生事物，"互联网＋医疗健康"引起了医疗界、管理部门的高度关切。一方面，它的推进有利于实施健康中国战略，提升医疗卫生现代化管理水平，优化资源配置，创新服务模式，提高服务效率，降低服务成本，满足人民群众日益增长的医疗卫生健康需求。另一方面，"互联网＋医疗健康"也是新生事物，参与主体多，涉及领域广，隐私安全风险高，不少行为发生在虚拟空间，迫切需要地方相关部门加强协同配合，及时发现、解决新问题，引导各方有序参与。

2018 年 4 月 12 日，相关专家在就《关于促进"互联网 + 医疗健康"发展的意见》涉及的相关问题进行政策解读时，提到：要坚持"做优存量"与"做大增量"相结合，既运用"互联网 +"优化现有医疗服务，又丰富服务供给；坚持鼓励创新和防范风险相结合。该文件的出台也反映了国家推进"互联网 + 医疗健康"，加快医联体（区域医疗联合体）建设的决心。

5.3　公共出行：插上智能的翅膀

城市公共交通是城市对外的窗口，更是一个城市发展的形象缩影，它作为一个城市重要的基础设施，是人们日常生活中不可或缺的出行方式。

我国城市道路拥堵问题较为严重，加上机动车保有数量逐年上升，拥堵程度进一步加深。解决拥堵的最好办法是优化公共交通条件。公共交通作为市民出行的主要方式，具有容量大、价格低廉、污染少等优势。但同时，也有部分市民认为公共交通的整体服务体验不是很好：首先，由于线路规划、车辆调度方式不够科学，乘客候车和乘车时间过长、行车路线绕远、车厢内过于拥挤；其次，很多市民在出行时如果忘记带现金或者公交卡，乘坐很不方便，经常会发生在公交站向陌生人"讨借"几元车票钱的尴尬情况；此外，在有突发事件时，公共交通工具难以满足紧急的出行需求。

互联网为公共出行插上了智能的翅膀，提高了出行效率，为用户带来了良好的出行体验，一定程度上解决了行业的固有痛点。

在数据运用还不广泛的年代，政府管理部门和公交公司很难及时了解人们的出行规律以及对公共交通的需求。什么时候出行人数最多？大约是什么量级？哪个公交站人流最拥挤？这些问题的答案很难实时地反馈到管理部门，管理部门也很难及时对车次进行调整。随着互联网的发展，可收集的公交数据更加多元和开放，很多互联网企业开始凭借公交大数据，动态分析居民的出行需求分布，进行线路规划、班次调整，有效地带动了传统的公交管理模式向精细化管理转变，有助于解决城市居民"行路难"的问题。

随着移动支付的飞速发展，二维码、NFC（近场通信）等新型支付方式已经覆盖人们生活的方方面面，全国上百个城市的公交车和地铁均可用支付宝、微信小程序扫描二维码进行支付，免去了兑零钱和忘带公交卡的尴尬。在停车场，"无感支付"得到应用，通过将支付账户与车牌绑定，车辆在进出停车场时，摄像头识别车牌，之后系统实现自动抬杆、自动扣费，支付的整个过程都不用停车，比 ETC（电子不停车收费系统）的付款模式更便捷。

▶ 案例

阿里ET城市大脑的中枢系统：交通大脑

阿里 ET 城市大脑是以阿里云的计算与大数据处理平台为基础，结合机器视觉、大规模拓扑网络计算、交通流分析等跨学科领域的知识，实现城市多源异构数据收集、实时处理与智能计算的系统。

　　ET 城市大脑旨在利用城市数据资源全局优化城市公共资源，即时修正城市运行缺陷，实现城市治理模式、服务模式和产业发展的三重突破。其中，"交通大脑"是 ET 城市大脑的核心板块，也是切入智慧城市的入口。交通大脑从信号灯优化、运营车辆调度、交通事件感知等方面着手，为城市提供"城市交通态势评价""特种车辆优化通行""大规模网络 AI 信号优化"3 套解决方案，支撑城市交通精细化管理和快速决策，切实解决交通拥堵与公共出行难题。

　　2018 年 4 月，杭州市政府联合阿里云等多家企业，推出了杭州城市大脑"天曜"，能够对城市里的交通事件和事故进行全方位实时感知、自动巡逻。从发现交通事件发生到报警，天曜仅需要 20 秒，真正用人工智能代替了人力。在杭州，天曜已经覆盖 700 多个道路断面，实现了自动实时巡逻，有效释放了 200 余名警力，交通事件、事故的报警准确率高达 95% 以上。

　　杭州作为长江三角洲城市群的中心城市之一，上下班高峰期拥堵情况曾经非常严重，目前受益于天曜，交通出行的效率不断提高。依据公开的城市季度报告，在全国最拥堵城市排行榜上，2016 年，杭州位于第 5 名，而到了 2018 年第二季度，已下降到第 57 名。

　　一部手机搞定各种交通工具，根据路况实时调整的智慧信号灯，利用大数据治理城市拥堵……当公共出行插上互联网的翅膀，落地多个城市的"交通大脑"让我们的城市变得更加智慧。

5.4 "互联网 + 公共安全"：提升群众安全感

　　在数字经济时代，"互联网 +"已渗透各个领域。在公共安全领域，互联网技术的应用让警务工作因科技更高效，"互联网 + 食品"的监管也进一步保证了百姓舌尖上的安全。

按照国内的分类方法，公共安全主要涉及自然灾难、社会安全、公共卫生、事故灾难 4 个领域。随着经济的快速发展，公共安全事件频发，对社会的影响越来越大，造成的人员、财产损失也越发严重。传统的城市公共安全管理模式以应急处置为核心，已经很难适应当前城市发展的需要。

物联网、互联网、大数据、云计算等新技术有利于提高城市公共安全的数字化和智能化水平，可以贯穿风险的事前发现、事中控制、事后总结的全过程。

在事前发现环节，利用大数据技术建立针对突发事件的分析模型，将国内突发事件的数据监测、数据分析与挖掘、预测与预警流程的经验融入其中，从而可预判危险事件的产生，将其扼杀在萌芽中。

在事中控制环节，技术同样可以发挥作用。以反欺诈案件为例，传统反诈骗手段在于事前的教育和事后的弥补，很难在事中起到作用。而新型反欺诈产品，如腾讯的智能反诈骗产品"鹰眼智能反电话诈骗盒子"基于大数据分析，建立了当前主流诈骗电话应检模型。发现诈骗电话打入时，可以向受害者实时发送短信提醒或阻断诈骗电话，有效做到事中打击，阻断诈骗分子的下一步行动。

在事后总结环节，一方面可以通过技术找到案件的破解方法，另一方面可以通过总结案例，再次进行数据的挖掘、关联分析，让分析模型更加完善，为下一次事前预防做准备。

▶ 案例

腾讯优图"跨年龄人脸识别"技术寻找走失儿童

目前，我国每年被拐卖的儿童有 1 万人左右，根据民政部的估计，全国流浪乞讨儿童的数量为 100 万～ 150 万。各大寻亲平台上布满了孩子们的照片，其背后是令一个个家庭心酸和绝望的故事。儿童走失的家庭耗费大量人力、精力、财力进行大海捞针式的寻找，但效果往往并不理想。

2019 年 5 月，央视节目《等着我》报道了一个历时 10 年的寻亲案件，一个 3 岁时失踪的儿童，在腾讯优图"跨年龄人脸识别"技术的助力下，被警方成功寻回。由于儿童被拐时只有 3 岁，经过 10 年的成长，面貌特征发生了巨大变化，加大了寻找的难度，甚至连其亲生父母也很难认出。腾讯优图凭借在计算机视觉领域多年的技术和经验积累，通过不断优化人脸识别算法，数据检索能力的精度已超 99.99%，有效地协助警方在海量的人脸数据中快速对比、锁定、匹配可能的失踪人口，降低了警务成本，促成了更多儿童走失家庭的团聚。

这其中发挥作用的主要是腾讯优图的跨年龄人脸识别技术，该技术重点针对寻人场景中年龄较小的婴幼儿被拐的情况，可推算出儿童 5 年、10 年后的模样。为了更加充分地从数据中学习人脸自然的跨年龄变化规律，突破寻找的时间难点，腾讯优图提出了基于 DDL（分布式蒸馏学习法则）的正则化迁移学习策略。该策略使得算法模型可充分进行跨年龄人脸识别学习，从而使跨年龄识别更加可靠和精准。

目前，腾讯优图已协助福建、四川等多地的警方寻找到失踪人口。腾讯公布的数据显示，该技术帮助福建省公安厅"牵挂你"防走失平台累计找回 1090 余人。此外，QQ 全城助力增加"人脸寻亲"功能，将走失人员的照片上传，即可在失踪人口人脸数据库中进行检索比对和匹配，确认关联关系。截至 2018 年 10 月，该项功能已经累计帮助找回 600 多人。

▶ 案例

西南净网安全宣传中心多方合力打击新型犯罪

互联网在带来利好的同时，安全问题日渐凸显，依靠互联网产生的欺诈手段层出不穷，网络安全事件频发，造成了极差的社会影响。

诈骗团伙的诈骗方式越来越紧跟时事热点，诈骗手法也越发专业和隐蔽。校园贷出了问题，便有骗子以"帮助学生注销校园贷账号"为由，诱导大学生下载校园贷 App，将贷款额度全部提现，转到自己账户上；法国巴黎圣母院刚发生火灾，犯罪分子便以慈善捐款的名义，哄骗网民捐款。犯罪团伙"蹭热点"的速度越来越快，手段也越来越"高明"。

2019 年 1 月 22 日，公安部在全国范围内部署了"净网 2019"专项行动。为响应"净网 2019"专项行动的要求，打击网络违法行为，4 月 25 日，腾讯 110 与重庆市公安局网络安全保卫总队合作成立了"西南净网安全宣传中心"，旨在围绕网络安全校园联盟、安全教育等问题，进行新型警企合作探索，利用互联网公司的科技、数据能力以及警方的打击预防能力，为网民提供安全的网络环境。

想要解决日渐复杂的网络诈骗问题，需要多方合力。警方、互联网企业、运营商、银行等，各自都在反欺诈链条中担任着重要角色。腾讯 110 是腾讯旗下的违法违规举报受理平台，受理包括网络诈骗、公民信息售卖、网络传销、网络色情等各类违法违规行为的举报。对于腾讯110而言，利用大数据、人工智能等技术，可以及时发现有诈骗嫌疑的账号，确定线索，提前介入，对可能受害的群众进行精准预警，从而降低他们被骗的概率。截至2019年5月，平台累计用户量达6649万，累计受理有效举报案例达1813万件。

▶ 案例

区块链溯源技术赋能食品安全

安全无小事，食品安全大于天。而近年我国食品安全事故频发，造成了严重的社会影响。食品安全面临严峻挑战，其中很重要的一方面便是制假售假、生产不合格产品。一些企业主体为了追求非法利益、降低正常损耗，在生产经营过程中常常非法添加违禁品，或者以次充好、掺杂使假。此外，餐饮加工操作不规范、卫生不达标等情况也时有发生。更有甚者，将过期食品更改标签后再次进行销售，严重威胁消费者的健康。而由这些食品安全事件引发的信任危机不断冲击整个食品行业，降低了人们对整个食品行业的信任。

2018年11月，永辉超市上线了区块链食品安全溯源系统，利用区块链数据不可篡改、可追溯的特性，为生鲜食品流转的各环节存证，以保障食品安全。

传统的食物供应链因为涉及生产、仓储、运输、销售等多个环节，把控流程非常复杂，很容易在个别环节产生问题，且问题难以被发现。而区块链食品安全溯源系统可以实现食物信息公开化，对行业从业者、消费者和永辉超市本身都具有积极意义。首先，区块链的不可篡改性和可追溯性会对产业链上各环节的从业者产生警示作用。这样可以促使生鲜产业链上的从业者自律，减少违规行为的产生。比如，永辉超市将溯源系统运用于多宝鱼商品上，将二维码标签钉在鳃壳上，消费者可随时扫码，查询鱼的生产、运输、检疫、销售等各类详细信息。该二维码经国家检测中心认证，且在蒸煮烹炸时不会因高温产生有害物质而影响消费者健康。通过区块链技术，可实时监测产业链上的信息，进一步预防食品安全问题。其次，对消费者而言，通过区块链溯源系统可清晰查看生鲜产品的所有信息，获得食物的同时，可以对其质量做到心中有数。最后，对永辉超市而言，区块链溯源系统是预防食品安全问题的重要手段，通过大数据、人工智能分析生鲜食品的溯源信息，可实现风险预警及问题追踪，全方位保障生鲜食品的安全。

目前，除了多宝鱼商品外，永辉超市的区块链食品安全溯源系统已在其他主要生鲜农产品（如肉制品、大闸蟹、水果和蔬菜等）中进行试点。

安全无小事。互联网的发展和科技的进步让相关部门在安全领域的建设不断上升到新的高度。互联网是虚拟的，但安全感是实实在在的，向善的科技不断为安全建设保驾护航。

尾声

在一部手机上就可以完成公积金查询、个人社保缴纳、结婚登记预约和出入境办理服务，从"挂号难、排队长、报销烦"到移动医疗和智慧医院，借助移动工具完成公共服务预约、缴费、证明办理，有效避免"门难进、事难办、脸难看"的难题和"证明你妈是你妈"的尴尬。另外，还出现了更智慧的出行方式、更安全的食品和社区……互联网和公共服务的结合从供给侧着手，引导着政府公共服务从管理到服务的转变。

这个转变最核心的思想就是把人民群众放在中心。群众从被动地等待、无奈地跑腿，到掌握主动权、提出真实的想法和建议。这个过程中，群众的声音有人倾听，群众的烦恼有人在意，群众的诉求有人落实。从基层的办事机构到顶层的制度设计，一脉相承又兼具地方特色；从经济发达地区的率先行动到欠发达地区的迎头赶上，我们要为政府的决心和勇气点赞，更要为实践中的每一个主动创新加油。

但我们也要看到发展中出现的新问题，比如医疗领域的创新和监管的新问题、全面互联网化之后对个人隐私保护带来的新挑战。既要"加大油门"又要"备好刹车"，既要激发创新创造活力又要防范可能的风险。简政放权、放管结合，最终的落脚点还是优化服务。供给侧的改革让我国政府职能朝着服务型转变，它不断激发市场活力和社会创造力，也在不断提升人民群众的获得感和幸福感。

第六章

互联网改变中国公益

本章导览

◆ 与发达国家相比，我国公益事业的发展还处在较为初级的阶段，但随着互联网的普及，越来越多的民众有机会参与日常的公益行动及捐赠活动，我国的公益事业开始进入极具特色的数字公益时代。

◆ 互联网大大降低了公众参与公益活动的门槛，通过连接赋能拓展了公益事业参与机构的数量及能力，提高了信息透明度，建立了捐助人对平台及捐助项目的信任，从根本上改变了公益事业的运作模式。

◆ 互联网给我国公益事业带来的具体改变主要体现在使得公益参与行为多样化，促使公益事业上下游合作伙伴专业化和细分化，推动公益事业发展的动能转换，以及将社交融入公益，使得爱心更有温度等。

◆ "互联网＋公益"在快速发展的同时，也带来了受助人信息造假、资金用途不透明，甚至涉嫌传销等问题，需要尽快完善相关的法律法规。

引言

从全球来看，我国公益事业的发展还处在较为初级的阶段。我国的公益机构由具有公募资质的大型机构主导，更多的资金来源是政府的拨款和大型企业的捐赠。在 2000 年之前，个人参与公益捐赠的比例很低。

相比之下，美国等西方国家的公益机构的捐助来源要丰富很多。以美国为例，其慈善基金会总数超过 86 000 家。2017 年，美国年度慈善捐赠总量达 4100 亿美元[①]，约合人民币 26 818.51 亿元，而同年我国社会捐赠总量预估约为 1558 亿元[②]。

西方公益事业发展较为成熟，主要原因有两方面。第一，税收制度。很多西方国家为鼓励民众及富裕家族参与公益事业，为公益捐款设置了非常优厚的免税政策。同时，在遗产继承等方面，西方国家通常都会设置高额的遗产税。在这样的政策倾斜之下，富裕家族都会设立自己的基金会。近年来，在沃伦·巴菲特、比尔·盖茨等颇有社会影响力的公众人物的践行下，有更多富人投身公益事业。第二，有宗教信仰的普通公众参加教会组织的日常捐助和公益活动蔚然成风。

虽然我国公益事业起步相对较晚，但随着互联网的普及，越来越多的民众有机会参与日常的公益活动及捐赠活动，公益事业开始进入极具特色的数字公益时代。

---

① 来源：美国捐赠基金会（Giving USA Foundation），2018 年 6 月。
② 来源：《慈善蓝皮书：中国慈善发展报告（2018）》，中国社会科学院社会政策研究中心及社会科学文献出版社，2018 年 6 月。

6.1 互联网带来的本质改变

6.1.1 大大降低公众的参与门槛

2007 年 6 月，腾讯公益慈善基金会（简称腾讯基金会）成立，它上线了我国第一个互联网募捐信息平台——腾讯公益，从此，互联网开始联结公益事业。

在互联网普及之前，电视媒体是公益活动传播的主要渠道。一个常见的场景是，人们在电视上看到捐助的需求，屏幕上显示捐赠收款账号，需要在很短的时间内记下这些信息，然后通过邮局、银行的柜台服务，填写各种汇款单，电汇至捐赠收款账号。捐助之后，几乎没有途径可获知捐款的使用情况。

可以看到，在互联网广泛联结公益事业之前，普通民众参与捐赠的门槛太高。一方面，烦琐的捐赠流程会将大部分人的参与意愿消耗在其行动之前。从电视上记下账号，走到银行或邮局的柜台前，排队填写各种汇款单，对公众来说，是耗时耗力的事情。

互联网的发展，特别是移动支付的普及，大大降低了公众参与公益的门槛。移动支付打通了捐款渠道，使得互联网捐助可以 7×24 小时无间断进行，无论是一元、十元还是十万元，都可以通过指尖一点，实时到达捐助账户中，真正做到爱心不分大小，重在参与。一些有趣的数据显示，人们最常提供捐助的时间段是工作日的晚上，临睡之前的一两个小时。[3] 当把一天繁忙的工作抛在脑后，躺在床上感觉生活很美好的时候，捐款的概率

---

③　来源：腾讯研究院 2014 年的《腾讯慈善大数据报告》。

比较高。而互联网真正做到的，就是将所有外界的限制条件尽量降到最低以至没有，为人们践行公益提供最为便捷的途径。

6.1.2 连接赋能增加机构数量，拓展机构能力

我国的公益事业中，1451家[④]较大的具有公募资质的公益机构是支柱。它们支撑着新中国成立以来公益事业的发展。公益机构的工作者也极具奉献精神，他们需要解决的都是极度贫困、大病救助、儿童生存及教育等社会问题，其难度可想而知。

但不可否认的是，如果仅靠具有公募资质的公益机构来完成捐赠经费筹资，捐助项目立项、执行、评审，捐助资金拨款到位，捐赠后期的反馈等各项工作，公益事业仍面临巨大的挑战。我国大量的 NGO 是公益事业的中坚力量，约有 3834 家[⑤]。这些 NGO 在扶贫、教育、大病救助等各个细分领域深耕多年，培育出实施中小型项目的组织和执行能力。但囿于制度的限制，这些 NGO 没有向公众募集资金的资质，从而导致其经费来源、发展前景及发展规模受到很大的限制。如何将数量众多的 NGO 的能力释放出来，从项目执行、细分领域深耕、创新模式探索等方面对有公募资质的大型公益机构做有益的补充，是我国公益事业迭代的关键环节之一。

互联网的连接优势在此发挥了巨大的作用。互联网公司的巨大优势就是边际成本近乎为零，一端连接公众，另一端连接机构，公众可以通过互

---

④ 来源：慈善中国官网，截至 2019 年 1 月 31 日。
⑤ 来源：慈善中国官网，截至 2019 年 1 月 31 日。

联网公司的平台进行实时捐助，捐助的经费实时打入具有公募资质的机构的捐款账户。而没有公募资质的 NGO 可以通过互联网与具有公募资质的公益机构进行合作，前者负责项目的执行，后者负责资金的筹集和调拨。通过这样的方式，就完成了公众、NGO 和大型公益机构的有机连接，让众多的参与方能够以众包的方式进行有机的组合，从而激发出个人、中小机构、大型组织各自的活力。

6.1.3　出现透明的信息披露机制提升信任度

公益事业的基本保障是信任的建立。我捐的钱去了哪里，给了谁，对他 / 她起到了什么样的作用？我资助的项目执行得如何？我是否能够看到中期进度和结果汇报？……如果没有透明的信息披露机制，那么捐赠人的感知仅仅是捐助资金的单向流出，却没有闭环的信息流的反馈，捐赠行为从而进入一个信息黑洞，那将会大大降低人们对公益的参与意愿和力度。

腾讯公益搭建了一套"互联网 + 公益"披露机制，意在促进信息更加透明，率先构筑了信任生态，成为行业典范。通过腾讯公益平台捐款，用户首先可以在界面中选取自己感兴趣的公益项目，点击捐款按钮之后，一个公益透明度提示将会跳出，上面明确写明当前项目的执行机构、善款的接收机构的名称。平台还会列出当前项目的执行时间、进度反馈情况以及财务披露状况，只有当用户点击"我已知情，继续捐款"的按钮之后，才会进入下一步的支付界面。示例见图 6-1。

图 6-1 腾讯公益的项目罗列界面、展示界面、捐助界面和财务信息披露界面示例

这样的机制保证了每一个捐助人都可以了解支持的项目是否可以信赖；它在信息披露、可信度方面是否比同类项目更有优势；它是不是自己能够选择支持的最佳项目。这样的机制也督促每一个项目执行方，在资金捐助财务披露、项目进度披露等关键信息方面投入更多的精力，从而可以争取到最多的捐助支持方。

透明的机制有助于构建信任关系，好的机制也能够确保在这个体系之下不会出现"劣币驱逐良币"的现象，避免鱼龙混杂。透明的信息披露机制让优秀的项目能够有办法呈现自身的特点，同时也引导捐助人做出更多的理性判断，了解自己捐助的项目的详细信息，让项目的执行方用更多精力来"修炼内功"，以实力赢得支持。

此外，腾讯公益还构建了完整的项目结果反馈制度。每一个捐赠人，无论捐赠金额有多少，都会定期收到所支持项目的进度汇报。例如，通常的大病救助项目会定期发送项目经费的阶段性花费明细，医院的各种费用清单都会上传电子版供查询。受助者的康复信息也会以照片、文字描述等形式不定期回传，让捐助方了解自己的爱心带来的改变。

很重要的一点是，在互联网的连接之下，这样的反馈及信任的构建成本基本为零。很难想象，在互联网参与之前，传统的公益事业如果想要实现这样的资金流与信息流的闭环，让捐助者从捐钱那一刻开始一直到捐助结果呈现的各个环节，都能够实时获知结果，将要有多么巨大的人力及物力成本的消耗。

6.2 互联网给我国公益事业带来的改变

6.2.1 参与行为多样化

互联网为公益的参与带来了巨大的想象空间。越来越多的创意让普通人了解到，除了金钱的馈赠之外，还有其他一些参与公益活动的方式。例如，为盲童读书的公益项目，就鼓励大家朗读图书，将自己的声音捐献给失明的用户，让他们免费听到各种有趣的读物。

▶ 案例

蚂蚁森林

2016 年 8 月，蚂蚁金服在支付宝 App 上线了"蚂蚁森林"（界面见图 6-2），用户通过步行、骑共享单车、在线缴纳水电费、网络购票等多种降低碳排放量的日常行为，积攒"绿色能量"。等到绿色能量达到一定数量后，蚂蚁金服及其合作伙伴会在阿拉善、通辽等沙漠干旱地区以用户的名义真正种植一棵树。通过这种形式，人们可以在日常生活中，以极低的成本真正参与公益项目，还培养了低碳环保意识。根据公开数据，截至 2018 年 5 月底，蚂蚁森林用户数量超过 3.5 亿，相当于地球上 5% 左右的人在手机里"种树"，累计种植和养护了 5552 万棵真正的树，累计减排超过 283 万吨。人们可以用微薄之力参与"绿色金融"这一宏大的主题，这样的模式也为公益事业和互联网行业带来了新意。

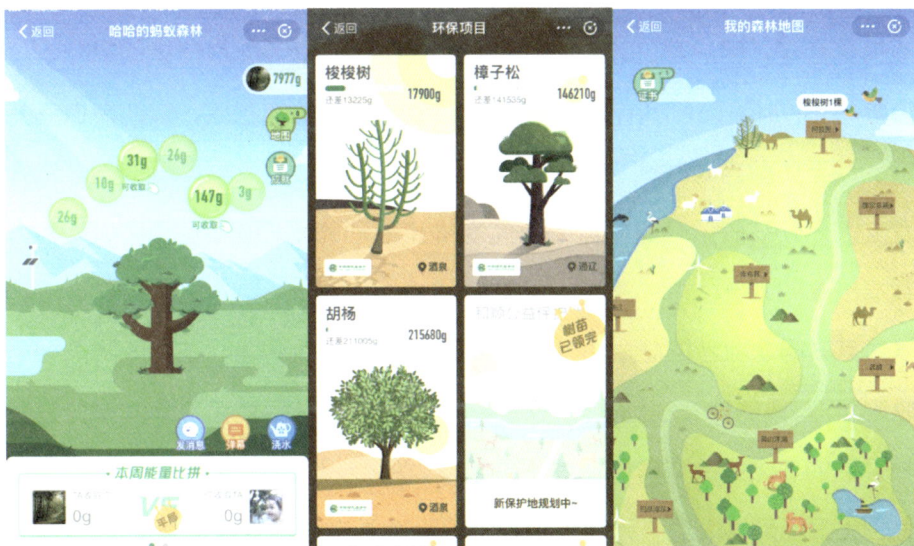

图 6-2　蚂蚁森林界面示例

此外，还有运动捐步项目。手机计步功能开始普及之后，越来越多的人热衷于查看每天走路的步数。互联网公司开始将企业配捐引入鼓励公众的日常健身运动中。腾讯公益和微信运动合作推出的"运动捐步"是这类平台的代表。你可以捐出每天在手机端累计的运动步数，而有意愿从事公益活动的企业拿出一定的资金，根据公众捐赠的步数，配比相应的金额，捐助给一些需要资金的公益项目。这样的创意吸引了很多公众边运动边做公益。每隔几天就累计几万步，看几万步能够换成多少钱捐给各类公益项目，也成为很多人每天坚持锻炼的一大动力。截至 2019 年 6 月 25日，腾讯公益通过"运动捐步"已经带动了超过 9.2 亿人次参与公益，在近 200 家爱心企业的支持下，为公益慈善组织募集了近 10 亿元的捐赠资金。

2017 年 11 月，美国著名的公益行动 Giving Tuesday 与腾讯公益达成捐步合作，用户每日行走 1000 步，通过微信和手机 QQ 运动捐步，便可参与 Giving Tuesday 的全球活动，通过步数兑换善款，帮助白血病儿童。截至美国当地时间 2017 年 11 月 27 日晚间，Giving Tuesday 官方发文表示，在腾讯公益平台参与此次捐步活动的用户累计达到 500 万人，共捐出 668 亿步。

互联网从业者的想象力让公益变得更加多样而有趣，正如旧时天桥的吆喝，"有钱的捧个钱场，没钱的捧个人场"。互联网真正带来的是公众参与公益的理念的改变，公益并不是有钱人的专属，即便是普通如你我的百姓，也一样能够通过一元钱，甚至走走路就参与到公益事业中。"人人可公益"的理念大大扩展了我国"互联网 + 公益"发展的群众基础。

6.2.2　上下游合作伙伴专业化和细分化

任何一个产业迭代发展，必然是走向产业各个环节的专业化和细分化。如前所述，互联网的连接功能将具有公募能力的公益机构、没有公募资质的 NGO 和有捐款意愿的民众有机结合到一起，形成了资金流的无缝衔接。

与此同时，互联网助力完成了公益事业的职能化分工。越来越多的NGO开始由具有专项技能的人员自发组成，他们大多热衷于某个项目的具体执行，而项目执行方通常对项目本身很执着，也有一套自己成型的方法论，能够最有效地将资源利用起来。例如清华大学书脊支教团是清华大学学生自发组成的社团，每年暑假都会派出多支队伍去我国不同省份进行支教活动。2018年7月，该社团13名学生赴云南大理白族自治州巍山彝族回族自治县青华小学支教，为当地小学生带去文化课、艺术课、体育课和科普讲座，等等。专业化的分工协作整合了时间、人力、技能、物资，使得更多人参与，更多人受益。

各个公募基金会组织也开始更多地扮演公益细分领域机构组织者的角色。从提供募捐到执行的全流程服务，到帮助每一个合作的NGO构建能力体系，再到帮助细分领域提炼方法论并传播给更多的NGO，公募基金会组织也在不断探索自己在数字公益时代的新定位。

此外，新媒体传播成为"互联网＋公益"越来越不可或缺的重要环节。好的公益项目如何能够传播出去，如何能够发挥社交关系链的力量，让项目信息触达更多的潜在捐助者；如何利用不断更新的传播方式，例如朋友圈、小视频、直播等，达到全方位的信息传递；如何利用AR（增强现实）、VR（虚拟现实）技术让捐赠人能够在异地看到捐助项目带来的变化……这些都与新技术的参与息息相关。可以说，新科技在不断助力公益事业上下游合作伙伴向专业化分工发展。

角色定位的转变让每个参与方都能够更好地发挥自己的资源禀赋，同时也能够找到价值链上最优秀的合作伙伴，将自己不擅长的事情委托出去，从而使整体效率达到最优，并提升整体产业链的价值。

6.2.3 动能转移

互联网让公益事业自下而上的力量越发强大。更多的个人和组织能量的释放让公益活动从以公募机构为核心转移到以项目为核心。从前，人们在选择捐助对象的时候，只能选择不同的基金会。现在，随着信息颗粒度的不断细化，可以选择"我要支持什么项目"，关注的细节和评价标准变成项目执行人的经验如何，项目本身的执行效果如何，项目带来的改变效果如何，等等。

这就像是从计划经济转为市场经济，每个项目的执行方都有巨大的动力让自己的项目做得更有效力，更能够吸引捐助方。市场机制开始在捐助人和受捐项目之间发挥动态匹配的作用。此外，连接赋能，大型公募机构通过互联网的连接，能够更专业地管理更多的 NGO，实际运作的项目数量和项目质量都有了质的飞跃。

6.2.4 社交融入公益，爱心更有温度

在互联网的助力下，我国公益领域的参与人数在短短几年之内就迅猛增长。2014 年腾讯公益推出一种新型募捐形式——"一起捐"。个人通过腾讯公益平台为公益项目发起爱心筹款，生成项目说明宣传图片，在朋友圈中进行传播。大家可以参与"一起捐"，并将项目宣传图片进行二次转发。通过这种形式，腾讯将平台社交因子注入公益活动，使得公益借助社交的力量得到了再一次的高速成长。

腾讯公益在"一起捐"的基础上，继续探索公益新形式。2015 年开始，腾讯公益联合数百家公益组织、知名企业、明星名人、顶级创意传播机

构，发起一年一度的全民公益行动日——"99 公益日"。数百家公益组织在腾讯公益平台上发起了上千个公益项目，吸引用户参与公益捐款。腾讯将微信、QQ 的社交能力，以及腾讯旗下众多平台的传播资源，深度开放给广大公益组织进行活动宣传。同时，腾讯基金会联合众多爱心企业，共同为用户参与公益进行慷慨"配捐"：用户每捐出一笔善款，腾讯基金会和爱心企业就遵照相应规则，依照规定的比例，向用户捐赠的项目进行定向捐赠。

根据腾讯公益公布的数据，2017 年"99 公益日"期间，3 天时间内共有 1268 万人次捐出 8.299 亿元善款，资助了 6466 个公益项目，再加上腾讯基金会的 2.999 9 亿元配捐以及爱心企业的 1.77 亿元配捐，捐赠总额超过 13 亿元；2018 年"99 公益日"，共有超过 2800 万人次为 5498 个公益项目捐出超过 8.3 亿元善款，加上腾讯基金会和 2000 余家爱心企业的配捐，捐赠总额达到 14.14 亿元。

2018 年，民政部依据《中华人民共和国慈善法》指定的 20 家互联网募捐信息平台（见表 6-1），共为全国 1400 余家公募慈善组织发布募捐信息 2.1 万条，网民点击、关注和参与超过 84.6 亿人次，募集善款总额超过 31.7 亿元，同比增长 26.8%。慈善组织通过腾讯公益募款 17.25 亿元、蚂蚁金服募款 6.7 亿元、阿里巴巴公益募款 4.4 亿元，新浪微公益、京东公益、公益宝、新华公益、轻松公益、联劝网、广益联募、美团公益、水滴公益等平台的募款金额均达千万元级。互联网给公益事业带来的改变已经从涓涓细流汇集成海。

表6-1 互联网募捐信息平台列表

序号	平台名称	运营主体
1	腾讯公益	腾讯公益慈善基金会
2	淘宝公益	浙江淘宝网络有限公司
3	蚂蚁金服公益	浙江蚂蚁小微金融服务集团有限公司
4	新浪微公益	北京微梦创科网络技术有限公司
5	京东公益	网银在线（北京）科技有限公司
6	百度公益	百度在线网络技术（北京）有限公司
7	公益宝	北京厚普聚益科技有限公司
8	新华公益	新华网股份有限公司
9	轻松公益	北京轻松筹网络科技有限公司
10	联劝网	上海联劝公益基金会
11	广益联募	广州市广益联合募捐发展中心
12	美团公益	北京三快云计算有限公司
13	滴滴公益	北京小桔科技有限公司
14	善源公益	北京善源公益基金会（中国银行发起成立）
15	融e购公益	中国工商银行股份有限公司
16	水滴公益	北京水滴互保科技有限公司
17	苏宁公益	江苏苏宁易购电子商务有限公司
18	帮帮公益	中华思源工程扶贫基金会
19	易宝公益	易宝支付有限公司
20	中国社会扶贫网	社会扶贫网科技有限公司（国务院扶贫办指导）

来源：民政部公告第434号，2018年6月1日。

6.2.5　互联网慈善面临的挑战与信任危机

"互联网＋公益"在快速发展的同时，也存在着一些亟须解决的问题。2016年颁布并实施的《中华人民共和国慈善法》作为慈善基本法，认可了互联网慈善，它作为新鲜事物，发展速度非常快，但也出现了受助人信息造假、资金用途不透明等问题。任何人都可以通过互联网发布信息，在社交媒体上，很多不具有公募资质的个人或组织公布受捐账号，直接接受捐款，而由于信息不对称，加上很多公益平台尚未搭建透明的信息披露机制，人们很难辨别事件的真假。更有一些网络平台打着爱心慈善的幌子，实际涉嫌组织传销等犯罪活动。

因此，还需尽快完善"互联网＋公益"的相关法律法规，增强对主体资质、慈善项目的运作以及对个人网络求助行为的监管，确保公开透明。不应让广大网民在捐助时仅仅停留在"捐款"层面，而应该给他们提供渠道，让他们可以持续、密切关注项目的进展及财务状况，从而形成对网络公益的社会监督。

技术的发展通常是一把双刃剑，互联网在大大提高信息传递的效率、带来信息透明度提升的同时，也可能被一些非法机构利用，扩大虚假公益的危害。因此，对于滥用互联网发布虚假信息的假公益现象，应加强监管，避免这类违法行为利用互联网造成更大的社会危害。

尾声

互联网与公益的结合充分体现了中国特色：通过创意激发出传统产业

的新的活力；通过互联网降低参与门槛，以社交或娱乐为引入点，让更多的用户能够有意愿去体验、去参与，然后发现其中的价值。互联网让各个行业的资源配置更加优化，提升了捐赠流程的透明度。力行公益变得简单快乐是科技让社会更美好的直接体现。但由于互联网上的信息发布具有随意性，新的商业模式中不断出现的打赏、积分等工具可能被恶意的信息发布者滥用作为虚假公益捐赠的通道，这就需要我们时时跟进和警惕，维护公益发展的良好秩序。

第七章

互联网改变金融

本章导览

◆ 创新总是有风险的。尽管银行等金融机构也在积极改变、谋求创新，但在严监管、高利润的行业环境下，传统金融业仍旧缺乏足够的动力，步伐始终显得迟缓。以移动支付为代表的互联网金融为这个市场带来了新的生机与活力。

◆ 互联网改变金融的历程，从最初的萌芽时期，到出现以第三方支付为代表的深入融合时期，随后进入了金融创新及金融科技全面发展时期。在当前这一时期，第三方支付快速发展，余额宝等创新产品模式不断出现。

◆ 互联网及相关技术开始全面进入金融产品和服务的底层，大数据等新技术的应用推动了金融科技时代的到来，用科技改变了金融产品的运作机理。随着金融科技发展的深化，一个开放、合作、共赢的金融时代正向我们走来。

◆ "金融的归金融，科技的归科技。"大起大落、拓荒多年的互联网金融，在两年的严监管之后开始有序生长。因互联网的高速发展而改变的金融业终于踏上了有序发展的道路。

引言

"传统银行如果不改变，就会成为在 21 世纪灭绝的一群恐龙。"这句直到今天仍被金融业高管反复提及的话已经难以考证出处，但近些年来金融业的不断改革发展用事实证明了这句话。面对互联网的浪潮，金融业无处可逃。那些曾经的焦虑和彷徨、恐惧与不安，最终都在改革这一巨大推动力的作用下，化为开放的决心和创新的勇气。

7.1　实践为先：金融大象插上互联网的翅膀

1997 年 4 月，招商银行（简称招行）继中国银行之后上线了自己的网站。有所不同的是，除了一些形象宣传，招行网站还设置了"一卡通"账务查询、股票信息查询等功能。1997 年我国互联网所处的环境，很难让银行真正对全面开展网上业务产生信心。那时，国内大多数银行都对招行的这种做法持"旁观"态度，觉得网上银行太小众，至少在短期内还成不了什么"气候"。招行成为"第一个吃螃蟹"的银行，这种"先知先觉"多多少少是被逼出来的。但"小银行"强烈的危机感迫使它必须多想一些打破原有体系的"怪招"。1998 年，招行率先推出支持网上支付的"一网通"，并第一个实现了 ATM 机全国通兑和 POS 机（电子付款机）全国消费联网。在 20 世纪末那个崭新的网上世界，招行成了业界的"领头雁"。

在 2000 年 11 月 21 日出版的《人民日报》第 11 版上，招行的触网故事被记者杨明方用生动的笔触记录了下来。19 年过去了，银行和互联网的结合早已不是新鲜事，虚拟银行、互联网银行，甚至 5G 无人银行都已经或者将要出现在我们的日常生活中。但回首金融业的互联网转型之路，实践为先依然是不变的法则。

7.1.1 创新与风险同行

并非金融业不想主动求变，只是作为国之重器，金融安全稳定是第一位的。当本分持重的金融业在 20 世纪末遇见快速多变的互联网，就像老大哥遇上了突然闯入的"二次元"少年，那是一个崭新的世界，规则需要重置，技术需要突破，机会无限却也充满风险。

一方面是安全风险。经过几年的发展，各大银行逐渐上线了网络银行和手机银行，但快速发展的网络支付却必须面对保障支付安全带来的挑战。2004 年 9 月，国内出现了首个专门针对招行网络银行业务的木马病毒"快乐耳朵"，随后，接连有用户的网上银行账户被窃巨款。

另一方面还面临新业务风险。创新需要跳出已有的舒适区，去探索新的方法、模式、路径并服务更广泛的客户，但这个过程总是伴随着更多的不确定性，也面临更多的业务风险。

7.1.2 风起青蘋之末

在传统金融迟缓的改革步伐下，互联网对金融的改变开始从外部发起，并逐步发展成吹动整个行业改革创新的飓风，但此风起于微末，源始并不宏大。

2004 年的淘宝网更像是一个同城交易平台，买家只会找同城卖家线上下单，然后和卖家约好时间地点，见面交易，一手交钱一手交货。网络支付最初的形态就是提供担保账户，以解决陌生交易双方之间的信任问题。

第一笔网络支付交易来得一波三折。根据支付宝公司公开的史料，2004 年 10 月，一个西安的买家想从一个东京的卖家那里买一部二手数码相机，已经把钱打到支付宝上了，但很快又反悔了。客服小二打了好几通电话，表示"如果有问题，我用工资赔你"，终于拿下这第一笔交易。这笔中国电子商务里程碑式的订单花了整整一天的时间才完成。这张交易单也一直被挂在支付宝总部杭州黄龙时代广场一楼的大厅。

正是从那时起，我国的电子商务驶入了高速发展的快车道，相伴而生的金融创新开始享受互联网带来的高光时刻。

7.1.3 改变的力量

2008 年，全国都在讨论移动支付这件事。作为最早开始提出具体标准的公司，中国银联和中国移动展开了漫长而又激烈的"争夺战"。2009 年，中国银联推出了移动支付 NFC 标准，中国移动则推出了 RFID（射频识别）移动支付标准。

标准之争沸沸扬扬，但后面发生的事情却出乎大家的意料。2011 年 5 月 26 日，支付宝公司获得了中国人民银行（央行）颁发的国内第一张支付业务许可证。从那以后，网络支付给我们的生活带来了极大的变化，上网、购物、出行、用餐、订票、交水电气费……动动手指就能享受到的便利和欣喜让网民们雀跃不已。一张小小的牌照开启了通往互联网金融时代的大门。

7.2 互联网金融开启创新时代

2012 年 4 月 7 日，时任中国投资公司副总经理的谢平教授在中国金融四十人论坛上首次提出了"互联网金融"这个概念。当时国外并没有这一概念，常提到的是数字金融或者金融科技。那一年的中国互联网正处于前所未有的大发展时期。不过，互联网与金融结合的历程早在 20 世纪 90 年代就开始了，如图 7-1 所示。

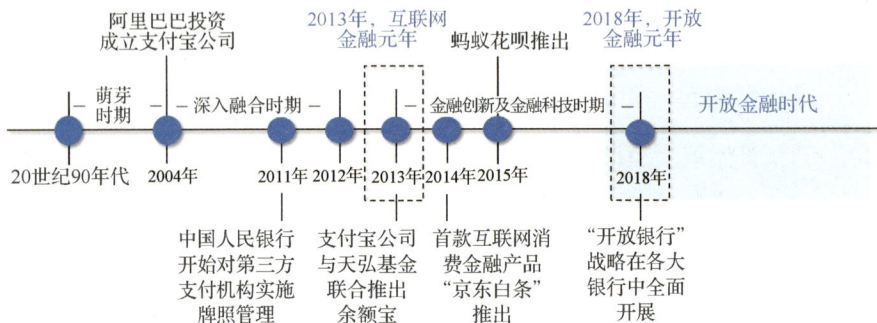

图 7-1 互联网改变金融的发展历程

7.2.1 萌芽时期

20 世纪 90 年代起，互联网技术高速发展并不断向交通、通信、商业和金融等领域扩散。国内银行业金融机构推出了网上银行产品，并开始在资金清算、风险管理等方面应用互联网技术。但是，客观而言，这一阶段的互联网金融还处于比较初级的阶段，只是体现为银行机构把互联网作为一种技术手段，把传统的银行业务搬到互联网上，并没有出现真正的互联网金融创新，也完全没有达到互联网与金融业紧密融合的程度。

7.2.2 深入融合时期

这一时期以网络支付或第三方支付的出现为代表，互联网与金融的结合从技术领域上升到金融业务领域，互联网金融的形式更加多样化。2010年《非金融机构支付服务管理办法》颁布以及 2011 年中国人民银行开始对第三方支付机构实施牌照管理，意味着国家开始考虑互联网金融规范化发展的问题。但总体而言，这一阶段我国互联网金融的发展还没有产生普遍性的影响，机构数量及资金规模等方面的体量都较小，互联网金融还没有带来具有里程碑意义的变革。

7.2.3　金融创新及金融科技时期

1. 第三方支付的崛起

经过之前长达十几年的铺垫，2013 年，互联网开始真正发力，结合技术的力量与对用户行为的改变，越来越深入地渗透到金融业的业务内核中。

2013 年也被视为我国互联网金融发展的元年。2013 年 6 月 13 日，阿里巴巴旗下的支付宝公司与天弘基金联合推出了一款基金理财产品"余额宝"。上线不到 6 天，用户数就突破了 100 万；一个月内，用户数达到 250 余万，累计交易金额 66 亿元。

余额宝之后，各大互联网公司纷纷推出各种"宝宝"类移动端理财产品。这类产品带来的最重要的改变是，人们的理财行为和习惯发生了质的变化。从校园的学生到都市的白领，伴随互联网的发展成长起来的一代很快就接受了新的理财方式：在手机端随时随地理财。从几千元钱的零花钱到几万元甚至几十万元的活期存款，都可以通过手机 App 理财，每天的收益实时显示，让茶余饭后多了"今天的理财收益可以支持中午多吃一个鸡蛋"之类的话题。

用户行为的小小转变，带来的结果是银行的活期存款大量向移动端 App 转移，截至 2018 年 11 月，余额宝规模已经达到 1.1 万亿元，占全国货币基金总量的 23.4%（见图 7-2）。

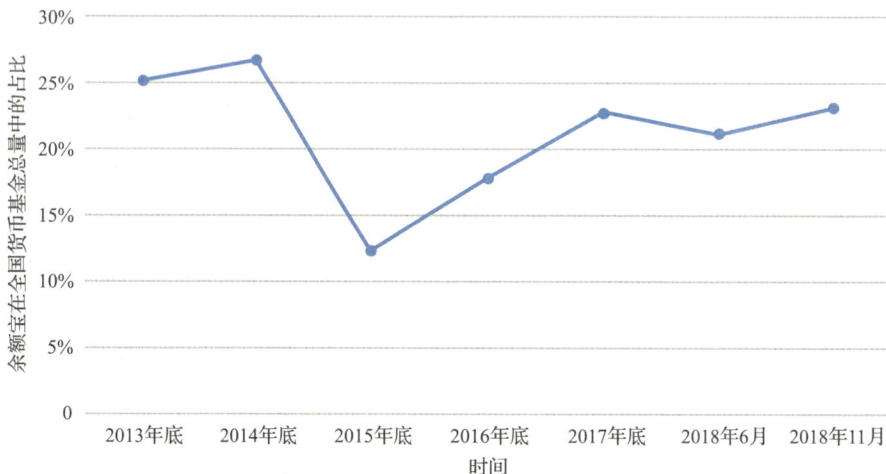

图 7-2　余额宝在全国货币基金总量中的占比统计

（来源：中国基金业协会、天弘基金）

在这一阶段，互联网对金融业的改变从量变引起质变，传统银行的营业方式也发生了根本的改变。

银行的柜台业务明显萎缩，从 2013 年开始，银行业务平均离柜率已经超过 60%，到 2018 年，接近 90% 的业务已经不用再去银行柜台办理（见图 7-3）。以前总是人满为患的银行服务大厅日渐冷清。

2018 年 4 月，我国首家无人银行于中国建设银行上海九江路支行正式亮相，营业厅内没有大堂经理等工作人员，顾客通过机器人自助服务办理业务。传统银行已经在用户端明确体现出时代的改变，并主动拥抱互联网带来的技术变革。

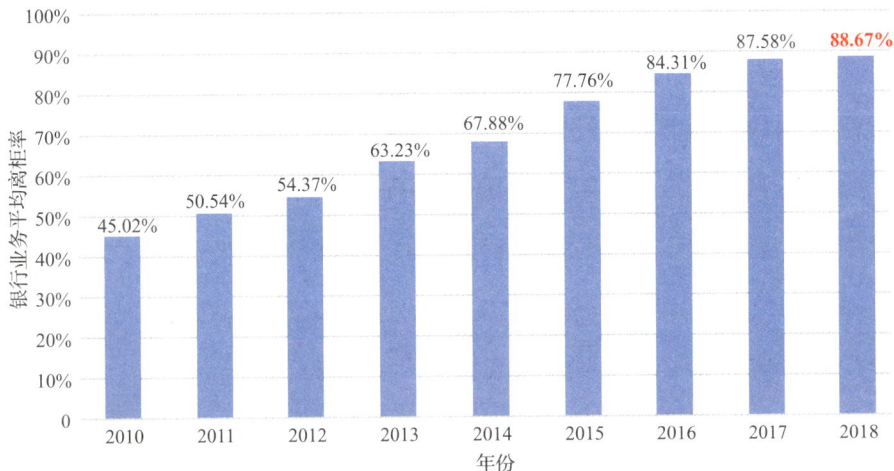

图 7-3　2010—2018 年银行业务平均离柜率

（来源：历年的中国银行业服务改进情况报告和中国银行业发展报告）

2．金融科技时代的到来

"宝宝"时代之后，技术、数据、用户基础已经趋于成熟。互联网开始全面进入金融产品和服务的底层，而不再仅仅是金融产品销售的平台和渠道。大数据等新技术的应用推动了金融科技时代的到来，用科技改变了金融产品的运作机制。

大数据带来的信用新解

以消费金融为例，银行在做传统的消费者授信时，通常都会进入征信系统调用消费者信用记录。但截至 2013 年底，我国尚有 4 亿用户的信用记录为空白。此外，在互联网进入金融领域之前，消费金融领域的主流消费集中在房贷和车贷两大领域。对于普通的消费贷来说，低额消费贷每次的授信成本和时间成本都相对较高，很难形成规模。在此背景下，互联网公司的优势凸显出来。

首先，大的互联网公司经过多年的数据积累，已经具备了非常成熟的用户数据基础，用户数量（见图 7-4）和用户数据维度的丰富度都已经超越传统银行。例如，电商平台通过多年对用户消费记录的分析，可以精准定位出购买能力、偿还能力、品类偏好等细粒度的消费者标签，形成立体化的用户画像。这样的画像有助于全方位地了解用户及用户需求。

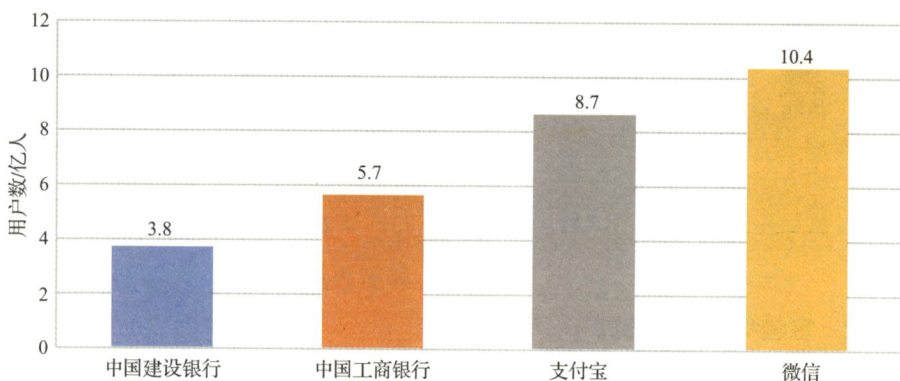

图 7-4　2017 年部分传统银行、支付宝、微信的用户数对比

（来源：《中国建设银行股份有限公司 2017 年年度报告》、《中国工商银行股份有限公司 2017 年度报告》、支付宝财报、微信财报）

其次，技术条件已经成熟。互联网公司通过大数据等新技术的深度应用，已经能够在一定程度上释放出数据的力量，构建出与传统银行完全不同的大数据风控体系；同时，在每一天、每一笔交易的过程中不断测试和完善，开始 7×24 小时的不断迭代。

最后，互联网服务的规模效应使得金融服务在触达中小微用户的时候，不再受到成本的限制。当花费大量固定成本构建风控模型的过程完成后，无论是服务一万个用户，还是一亿个用户，对于互联网公司来说，边际成本都趋近于零。

▶ 案例

京东白条："风控超脑"完成5亿用户的信用评估

2014 年 2 月，京东数科推出的"白条"成为业内首款面向个人用户的互联网消费金融产品，其主要模式为通过大数据进行信用评估，为信用等级高、消费需求大的用户提供信用付款服务，让用户可以享受到"先消费、后付款，实时审批、随心分期"的消费体验。这一模式有效地连接了用户和场景，使小额、分散的用款需求得到满足。

京东白条在授信、风控两个环节充分发挥科技优势。在授信方面，基于京东商城体系的数据积累，深度挖掘用户的信用情况和购买能力，形成用户画像，据此建立起授信政策体系。相比传统银行，京东白条可以在用户在线实时完成申请后 1 秒授信，极大地降低了运营成本，节省了传统银行物理网点、人工审核、实体介质、营销人员的成本，从而帮助用户以更低的成本获得更加便利的金融服务。在风控方面，京东通过数据和技术建立起独有的风控体系和高效的风险管理模型，例如，应用于京东金融的"风控超脑"，组成了覆盖数据、模型、策略、系统等全方位的风控体系。在"风控超脑"的支持下，京东数科实现了对 5 亿用户的信用评估，有效助力京东白条、金条等消费金融业务的资产不良率处于行业较低水平。

2015 年，京东白条打通了京东生态体系内的线上消费场景，涵盖了众筹、全球购、京东到家等。同时，"白条"走出京东，布局京东体系外更多的消费场景，覆盖装修、租房、车险、驾校等大众消费领域，为用户提供了信用贷款分期服务。

▶案例

蚂蚁花呗："本月花，下月还"拉动消费繁荣

蚂蚁花呗是蚂蚁金服于 2015 年 4 月推出的一款基于互联网的消费信贷产品。用户申请开通蚂蚁花呗之后，即可享受 500 ~ 50 000 元的消费额度。用户产生消费时，可以预先使用蚂蚁花呗额度进行支付，本月花，下月还，按时还款，还不收手续费。它的口号为"余额不够照样买买买"，符合当下年轻人提前消费的理念。据统计，蚂蚁花呗的用户中，90 后占 33%，80 后占 48.5%，70 后占 14.3%。

蚂蚁花呗的授信额度是动态变化的，这也是基于互联网的消费信贷产品的优势所在。蚂蚁花呗可以及时地根据用户的历史消费情况和历史还款情况，结合风险模型，通过大数据计算出适用于当前用户的授信额度。如果当前用户行为良好，则可提升额度；反之，则降低额度。

在上线之初，蚂蚁花呗主要用于淘宝、天猫购物平台，之后便扩展到更多的线上线下消费场景中，甚至走出了阿里系平台，服务于更多的外部消费平台：生活服务类平台，如美团网、大众点评网等；电商平台，如苏宁易购、唯品会等；3C 类商城，如小米商城、OPPO 商城等。

2018 年，蚂蚁花呗用户数量已经破亿，其中超过 99% 的用户能够按时还款，2017 财年不良率低于 1%。蚂蚁花呗用户每月平均借款为 700 元，截至 2017 年 6 月，蚂蚁花呗发放的消费性授信融资余额共计 992.1 亿元，其中账单分期 893.24 亿元，交易分期 98.86 亿元。

蚂蚁花呗的用户主要为中低消费人群，而此类人群在传统金融机构很少会产生信贷行为。据统计，蚂蚁花呗用户中，70% 的人从未办理过信用卡，也不了解信用卡复杂的还款规则。蚂蚁花呗的出现在很大程度上缓解了这类消费人群的消费压力，并释放其消费潜力，为互联网消费金融的繁荣发展助力。

协同发展时代：普惠金融有了技术抓手

中小微企业的金融服务是全球可持续发展的难题。服务中小微企业的普惠金融也因为大型互联网公司的加入而有了技术抓手。

根据世界银行在 2018 年初公布的调研数据，中国的中小微企业数量达到 5600 万，潜在融资需求达 4.4 万亿美元，存在 1.9 万亿美元的融资缺口，近四成的中小微企业受信贷约束。金融机构对中小微企业的贷款支持力度与中小微企业的融资需求存在较大的不匹配度。

中小微企业普遍存在的运营时间较短、经营风险高、财务账目不清晰、信用记录空白等问题是导致融资难的关键因素。各大互联网公司依托自己的资源，针对中小微企业开发出颇具各自生态体系特色的金融服务。

▶ 案例

京东数科的供应链金融尝试

京东数科依托京东电商体系及合作公司所积累的大数据基础，覆盖了很多传统金融机构触达不到的群体，极大改善了中小微企业长期面临的融资难、融资成本高的状况。

京东数科的供应链金融用技术挖掘小微企业的隐形资产，破解小微信贷痛点。通过大数据挖掘和分析能力，量化、控制各个节点上的信贷风险。它可以通过数据将小微企业的供应链状况可视化，包括采购贸易环节、即时生产状况、货物销售路径等，来评估其风险特征以及供应链的各个节点状况；通过大数据分析建模，准确地对质押物的价值进行评估，挖掘其经营状况、商业信誉、合作伙伴关系等隐形资产，进行精准放贷，做好后续的风控。

京东数科的供应链金融旗下有京保贝、京小贷、物流金融、企业金采、京东 e 享等多款中小企业信贷产品。其中，京保贝是京东数科的供应链金融推出的第一款产品和保理业务，基于企业的应收账款，给予对价的融资额度，企业可以在额度范围内申请融资，到期还款。京小贷则是针对京东平台上的第三方商家推出的可订制的信用贷款产品。

截至 2018 年初，京东数科的供应链金融累计服务 20 万家中小微企业，累计放款总额近 5000 亿元。

大数据和新技术是带来巨大回报的金钥匙

在财富管理和投资领域，互联网带来的海量数据以及大数据等新技术的应用，无疑是给信息时代金融投资带来超额回报的金钥匙。以华尔街为首的机构投资者都基于数据，利用前沿技术构建、量化投资模型。社交数据、情绪数据等非常规的数据也越来越受到重视。牛津大学等的诸多前沿研究者开始不断探索，用这些非常规数据来提升量化投资模型的精度。

在资产证券化领域，资产支持证券（Asset-Backed Securities，

ABS）产品一向是全球财富管理公司较为青睐的产品。然而，2008 年，由底层资产不透明的次级贷款引发了全球金融危机，让大家对 ABS 产品谈虎色变。但不可否认的是，ABS 产品通过证券化的方式大大提升了房产、地产等流动性相对较差的资产的流动性；同时也将资产细分为更小的单元，降低了交易的进入门槛。

形象一点来说，一个普通的投资人，可能买不了房子，但是可以通过交易，将房产的 ABS 产品作为底层资产，从而享受到房产增值带来的收益。资金有限，买不了整个房产或者地产，但是可以通过 ABS 将底层资产切分成多份，每一份的投资门槛则会降低很多。

ABS 产品之所以成为 2008 年金融危机的元凶，是因为次级贷产品经过华尔街的层层包装，普通投资人已经完全看不到底层资产究竟是什么。而近年来大热的区块链技术刚好能够和金融产品对透明度的需求以及要求信息不可篡改的信任需求相匹配。

▶ 案例

区块链在京东资产证券化云平台中的应用

京东数科已将区块链技术应用到京东资产证券化云平台（简称 ABS 云平台）上，有效地保证了底层资产数据的真实性与不可篡改，从而提升了机构投资者的信心，降低了融资难度。

京东资产证券化云平台中，区块链可全流程贯穿 ABS 落地交易的各个阶段。在 Pre-ABS 底层资产形成阶段，可以做到放款、还款现金流和信息流实时入链，实现底层资产的真实防篡改。同时，各类尽职调查报告、资产服务报告通过智能合约自动生成。在产品设计和发行阶段，交易结构和评级结果由评级公司和券商确认后共识入链；将投资人的身份及认购份额登记入链；交易所从链上获取全部申报信息，将审批结果入链。在存续期管理阶段，回款数据，循环购买数据，资产赎回、置换和回购数据，这些数据均可入链，并生成资产服务报告。在二级市场交易阶段，交易双方可从链上获取证券底层的现金流信息，进行实时估价；投资人可通过交易撮合智能合约，在链上完成证券所有权的转移。

由此可见，ABS 全流程解决方案从提高收入、降低成本和提升效率3 个维度体现了其价值：对投资方而言，全流程解决方案降低了 ABS 产品对应底层资产的信用风险，丰富了其投资收益的来源，并减少了投后管理的成本；对资产方而言，全流程解决方案进一步拓宽了融资渠道，降低了融资成本和风控运营成本，促进了信贷业务管理流程标准化，缩短了融资交易周期；对服务方而言，降低了投后管理人力成本，使得资金分配流程更加高效。

金融科技时代，科技在各个金融细分领域与金融产品深度结合，改变了金融产品的价值链。互联网金融时代，互联网公司和金融公司正面抢夺用户；而金融科技时代，科技与行业的协同体现得更加明显，可通过科技的降本增效创造出更多的价值，实现科技公司与金融公司的利益共赢。

7.2.4 开放金融时期

从观望试探，到实践先行，再到主动开放、合作共赢，互联网的出现给我国金融业带来了深远的影响。在这个过程中，我国金融业的改革经历过混沌和迷茫。但金融业的供给侧改革势在必行，随着监管力度的不断加强和心态的不断开放，一个开放的、充满科技感的金融业正展现在我们面前。

1. 开放银行成为必然趋势

2018 年为开放金融元年，以开放银行为代表的金融服务方式将场景融入消费的方方面面，金融、互联网融为一体，你中有我，我中有你。

互联网触达用户的能力在各个应用场景中不断下沉，线上和线下服务的边界也越来越模糊，在多数场景之内，消费与金融服务已经可以做到完全无感地融合。银行通过开放式 API、SDK[①] 等技术方式将金融服务向合作伙伴乃至客户开放，为用户提供全方位的金融服务。

银行回归金融服务的本质，同时也越发摆脱场所的局限。例如，用户通过电商平台购物，其中有很多环节与金融服务相关。之前，可能只在支付环节中会涉及金融机构。而随着互联网服务与场景的紧密嵌套以及金融服务的不断前置，银行可以通过开放式 API、SDK 等技术将自己的后台金融服务（如账户查询、消费贷款、理财等）向电商平台开放。金融服务在各场景的渗透如图 7-5 所示。对于用户来说，可以在电商平台直接获得金融服务。而对于银行来说，越来越多的嵌入场景的机构都可以成为合作伙伴。银行的服务已经不再拘泥于场所，而是根据场景不断进化。

---

① API 即 Application Programming Interface，应用程序编程接口。SDK 即 Software Development Kit，软件开发工具包。

图 7-5　金融服务在各场景的渗透

　　银行在整体服务链条中越来越向后置，通过开放自身金融服务接口给第三方使用，正向着开放银行进化。各大传统银行的开放银行进度如表7-1所示。

表7-1　各大传统银行的开放银行进度列表

银行	进度
中国农业银行	2011年5月，发布总行开放平台开发、测试环境管理流程手册。2018年1月，发布开放平台硬件资源配置项目的招标公告
中国建设银行	2018年8月25日，正式推出开放银行平台，该产品具有聚合支付、e账户等部分功能。平台通过开放接口的方式，为第三方根据其应用场景需求进行二次开发提供了可能和便利。2019年2月，对外开放所有的服务功能
中国工商银行	2018年8月末，提出向开放银行转型，开始全面实施互联网金融战略

银行	进度
中国银行	2012 年，提出开放平台概念。2013 年，正式发布中银开放平台，并对外开放接口
交通银行	2012 年，进一步实现开放平台数据库系统的双中心试点运行。2017 年，建立开放平台，实现了对外渠道整合等功能
招商银行	2018 年 9 月 17 日，上线两款 App 产品，打破封闭用户体系，支持绑定多家银行卡

2. 从用户找服务到服务找用户

开放金融的核心是用户权力的提升，即金融服务真正以用户为中心进行组织。

随着用户权力的不断提升，金融服务进一步向用户需求聚集，体现在服务内容和服务渠道两个方面：一方面是基于用户需求，服务的供给不再是千篇一律，而是针对用户特征的差异化与个性化服务；另一方面是金融服务渠道的场景化融合。场景化的核心实际上是以用户为中心的模式的进一步深化，即以非特定的用户为中心向更加精准的用户使用场景发展，不再是用户找服务，而是服务找用户，让用户在需要时"随手可得，随时可用"，既包括线上应用入口场景化融合，也包括线上、线下场景的打通与融合，进一步降低了用户获取金融服务的成本和门槛，提升了用户使用的体验。

3. 重构金融价值链

开放金融更多的是金融服务供给侧的变革，但其核心目的是构建以用户为中心的金融服务供给体系。开放金融的发展主要体现为，在金融服务价值链重构的过程中，各类金融服务机构在用户、渠道、服务、技术等方面的开放与融合。

用户方面

开放金融时代，借助于互联网高效的连接能力，用户的场景迁移非常容易。金融服务机构无法再利用地域限制等分割、垄断用户的金融服务。针对用户的金融服务不再局限于单个的服务机构，而是根据场景不断变化。在这种情况下，金融服务机构需要建立开放的账户体系，根据用户及用户场景的变化进行账户体系的开放融合，才能为用户提供更加丰富、统一、优质的金融服务。

渠道方面

金融服务机构之间的渠道入口会相互融合。许多机构仍会保留自己的独立应用入口，并在这个入口中提供全面的服务功能，但会将一部分服务功能嵌入其他应用，特别是在用户的生产、消费、娱乐等场景应用中，即体现为渠道的场景化。用户在少数自己偏好的核心应用或场景应用上能方便地获取各类服务，从而能够以较低的成本获得较好的体验。

服务方面

开放金融时代，在数字科技的驱动下，金融服务的效率和水平不断提高，不同类型的机构基于比较优势的不同产生专业化分工。许多机构仍然会保留完整的服务链条环节，但不同类型的机构需要基于自身的比较优势，更加专注于某些链条和环节，才能提供具有竞争优势的服务，在价值链重构的过程中占有一席之地。专业化分工的下一步，是金融机构、科技服务公司、用户场景机构等不同类型机构的融合创新，目标是创造和提供更为优质的金融服务。

技术方面

以上几个方面的开放融合都需要开放式技术体系的支撑，例如开放性的账户体系、标准化的接口技术、场景化的服务方案、开放性的核心系统等。构建开放式技术体系，必须借助大数据、云计算、人工智能、物联网等前沿数字科技手段，才能有效提高金融服务的效率水平。数字科技是开放金融发展的重要驱动力，金融服务在数字化、线上化转变后，才能借助开放式 API、SDK、H5[②] 等技术进行融合创新。

从全球趋势来看，新的开放金融时代已经来临，无论是互联网公司向金融公司靠近，还是金融公司主动向互联网公司购买科技服务，开放金融会从根本上改变银行服务用户的方式。特别是当 90 后的"数字原住民"逐步成为经济社会的主体，这种趋势将更加显著。在这个过程中，传统金融机构既需要从技术上进行开放革新，更需要在管理体制上进行变革，才能真正迎接和适应这种变化，保持持续的竞争力。

7.3　监管掌舵：踏上有序发展的道路

传统金融业需要革新，对于新生的互联网金融而言，则需要有序的引导和监管。

央行走的第一步是发放牌照，随后陆续出台细分业务领域管理办法、逐步向第三方支付企业开放传统金融领域支付结算业务等一系列动作，也给市场释放了明显的信号。在完善监管、细化市场的同时，包括支付企业、传统银行、互联网巨头、电信运营商在内的业态格局已经逐渐形成，互联网金融有了具体的实施对象。

---

② H5 即 HTML5，第 5 个版本的"描述网页的标准语言"，常用于在网络上进行品牌推广和商品展示。

从市场中发现问题，再解决问题。监管的艺术还催生了创新型的产品。2013 年，随着电子商务的普及，趴在数量庞大的网民账户里的余额开始受到关注。这么大量的资金放在第三方支付公司，引起了监管机构的关注。余额宝的诞生让互联网理财在短时间内吸引了大量资金的涌入，给公募基金带来了活力。新事物的诞生也带来了竞争。"宝宝"类产品的热卖让传统金融业明白了互联网的能量，互联网金融的竞争正式走向白热化，各种"互联网 + 金融"产品遍地开花：利用互联网平台销售的万能险，扛起佣金战大旗的互联网券商，打出人工智能牌的智能投顾……

来自最高监管层的发声既肯定了互联网金融的意义，也为前进的道路指明了方向。2015 年 3 月，政府工作报告中两次提到互联网金融，同年 7 月，中国人民银行等十部门联合印发《关于促进互联网金融健康发展的指导意见》，首次明确了互联网金融的概念，划分了各个互联网金融形态的监管职能部门。2016 年，网贷进入真正意义上的"监管年"。3 月，中国互联网金融协会成立，这是首个国家级的互联网金融行业协会；8 月，《网络借贷信息中介机构业务活动管理暂行办法》由银监会正式发布，正式出台规范 P2P 网贷平台的业务活动的管理文件。

2017 年 12 月 8 日，P2P 网络借贷风险专项整治工作领导小组办公室下发《关于做好 P2P 网络借贷风险专项整治整改验收工作的通知》（57 号文）。通知要求各地把握工作进度，逐步完成备案：2018 年 4 月底之前完成辖内主要 P2P 机构的备案登记工作；对于违规存量业务较多，难以及时完成处置的部分网贷机构，应当于 2018 年 5 月底之前完成相应业务的处置、剥离以及备案登记工作；对于难度极大、情况极其复杂的个别机构，最迟应当于 2018 年 6 月末之前完成相关工作。另外，对债权转让、风险备付金、资金存管等 11 项关键性问题做出进一步的解释说明。

无规矩不成方圆。大起大落、拓荒多年的互联网金融在两年的严监管之后开始有序生长。"金融的归金融，科技的归科技。"因互联网的高速发展而改变的金融业终于踏上了有序发展的道路。

尾声

一个是严谨稳重的国之重器，一个是快速迭代的新生利器，金融和互联网相遇的一刹那，已经预示了互联网金融将区别于其他行业，面对更复杂的市场环境，迎接更大的监管挑战。

我国的金融业改革走出了一条漂亮的创新之路。在移动支付领域，一部手机走遍全球的背后，是完善的手机支付、网络支付技术和覆盖率极高的营销网络。直接从信用卡时代进入移动支付时代，互联网为这种跨越式发展提供了机遇。科技驱动下的消费金融和供应链金融，能够实现大数据征信、秒级放贷、7×24 小时服务、场景无感融合等，金融服务的成本效率大幅提高，用户体验也大为提升。新一代的人工智能、大数据、区块链、云计算等技术，正逐步渗入金融业的方方面面。

相比世界上的很多国家，我国正在经历速度更快的数字化进程，创新步伐备受世界关注。互联网带来的中国金融业创新的经验可为全球所借鉴。

第八章

互联网带来可持续发展的新路径

本章导览

◆ 互联网及相关技术的不断发展，深刻影响着农村、农业以及农民的生产生活方式，基于互联网的各种科技产品已经成为农村地区走可持续发展道路性价比最高的投资之一，在经济、生产、生活的方方面面改善着农村的状况。

◆ 金融资源配置的不平等是导致城乡贫富差距的一个重要原因。互联网及相关技术除了能提升金融服务的效率，还能开发新的商业模式，让缺少抵押物和征信信息的农民也可以获得贷款，从而提升金融服务的公平性，有利于缩小城乡之间的发展差距。

◆ 互联网特别是移动互联网的发展，给农村的生产生活带来许多新的改变。例如，依靠互联网连接农村与城市，可助力"农民离土不离乡"；借助社交软件构建网络社群，可实现高效交流共享；利用互联网平台，可助力农村地区的文化凝聚和经济发展。

◆ 互联网向第一、第二、第三产业渗透时，和第一产业的结合最为艰难。互联网领军企业在通过互联网技术释放科技力量、提升农业生产效率方面做了不少尝试，一些领域的探索已经较为成功。

引言

2015 年 9 月 25 日，联合国 193 个会员国在可持续发展峰会上正式通过 17 个可持续发展目标，旨在解决社会、经济和环境三个维度的发展问题。这 17 个可持续发展目标已经成为 2015—2030 年的全球发展工作指导纲要，其中多个目标与农村的脱贫和可持续发展紧密相关。

农村脱贫和可持续发展是相当复杂的问题，如何发展农村农业、提高农民的生活水平、减少资源配置的不平等、缩小农村和城市之间的发展差距等，是世界各国共同面临的难题，这些难题的解决也必然是综合性的系统工程，需要众多的参与者从各个方面出谋划策，共同努力。

到 2018 年，我国的常住人口城镇化率仅为 60%，而城镇户籍人口比例只有 43%，农村户籍人口比例仍然高达近 60%，人口总数接近 8 亿，如何解决"三农"（农村、农业、农民）的发展问题是一个重大课题。我国作为发展中国家的代表，"三农"问题的解决将为全球不发达地区解决此类问题树立样板。

互联网及相关技术的不断发展，不仅推动城市居民的生活和产业发生了巨大的改变，实际上也在深刻影响着农村、农业以及农民的生产生活方式。基于互联网的各种科技产品已经成为农村地区走可持续发展道路性价比最高的投资之一，在经济、生产、生活的方方面面改善着农村的状况。

8.1　互联网保障农村生产服务

金融资源配置的不平等是导致城乡贫富差距的一个重要原因，但受限于成本、效率、能力等各方面因素，农村地区获取金融资源服务一直是个难题。

获得 2006 年诺贝尔和平奖的穆罕默德·尤努斯，在孟加拉国从事了多年脱贫工作研究。他看到农村最贫困家庭从高利贷者手中借款，从事一天的辛苦劳作之后，赚的钱绝大部分都用来还贷。尤努斯认为，解决农村贫困问题的方法之一，是让这些贫困的人能够有办法享受到价格合理的金融服务，得到自己事业的启动经费。

他为此创立了格莱珉银行，给那些无房无产的穷人贷款。借款者由 6 ~ 8 人构成"团结小组"，相互监督贷款的偿还情况。2011 年，格莱珉银行已成为孟加拉国最大的农村银行，有 650 万的借款者，为 7 万余个村庄提供信贷服务。格莱珉银行的偿债率高达 98%，足以震撼任何商业银行。

我国农村的金融服务水平也远不及城市。据央行统计，截至 2017 年底，农村地区每万人拥有的银行网点数量为 1.3 个，低于全国平均水平（1.59 个）；全国平均每万人对应 6.95 台 ATM 机，农村地区仅为 3.89 台。其次，虽然农村地区金融机构数有所增加，但其金融服务能力与城市金融机构有一定差距。我国尚有数亿的信用空白用户，这些用户大多聚集在农村，群体数量大且较为分散，加上信用体系未能全面建立，征信难度大，违约概率相对较大，追责成本相对较高，由此，农村成为传统金融机构的信用服务盲区。

从农村金融服务发展的难点来看，信任机制和成本约束是制约农村金融普惠化的两大障碍。一方面，贷款前，农民缺少抵押物和征信信息，导致传统金融机构没有渠道获得农民的信息；贷款后，有些农民将生产性贷款用于生活消费，使得还贷无望，这些都说明传统农村金融严重缺失信任机制。另一方面，金融机构的运营成本居高不下，农村金融业务小而分散，往往信贷的收益都不能覆盖信贷的人工成本，这就大大增加了传统金融机构的负担。

互联网及相关技术除了能提升金融服务的效率，还能开发新的商业模式，让缺少抵押物和征信信息的农民可以获得贷款。这些新的模式能够更好地满足农村地区的金融需求，提升金融服务的公平性，有利于缩小城乡之间的发展差距，从而成为解决农村金融服务难题的有效途径。

▶ 案例

数字农贷

京东金融的数字农贷模式以农业生产数据为信用，打破了传统信贷依靠抵押物和征信的逻辑，具有高效率、低成本、可复制的特点，将普惠金融的触角延伸到广大农村地区，对于增强金融服务实体经济能力和落实中央"乡村振兴"战略，具有一定的理论价值和现实意义。

（1）数字农贷模式的典型案例

2017年3月，随着环保标准的不断提高，为保证企业的可持续发展，山东省新泰市宏成畜禽养殖专业合作社（以下简称宏成）流转土地2200亩（约147万平方米），计划建立规范化的养殖场。合作社抽出部分流动资金用于自养场的建设，此外，养殖户苗款、饲料款和兽药款全部由合作社垫付，这使得合作社流动资金不足，急需贷款。京东金融依托数字农贷模式对宏成授信养殖贷2000万元，授信期限14个月，单笔贷款期限不超过 60 天，不仅满足了企业的融资需求，还带动了当地畜禽养殖行业的转型升级。截至 2018 年 8 月，数字农贷项目上线一年多以来，已在山东、河北、河南等地与近 200 家合作社合作，累计放款几十亿元，不良贷款率为零。

（2）数字农贷模式的实施过程

数字农贷模式在贷前、贷中和贷后各环节都运用了数字化技术进行风险管理和生产管理。

在贷前阶段，该模式通过深入学习农业养殖技术，采集农户历史生产数据，量化所有可能产生的风险，构建基于大数据的风控模型，根据预测的未来生产结果数据对农户进行授信。

在贷中阶段，该模式利用金禾穗云管理系统，基于养殖数据进行高频、分散、循环的放贷。数字农贷的贷款并不会一次性发放，而是对生产过程进行全程跟踪，并根据实际生产需求，定时、定量地匹配资金。以养鸡行业为例，肉鸡的养殖周期大约为 42 天，每只肉鸡需要 12 元的饲料款。数字农贷按照养鸡户在各养殖环节的实际需求，分批将资金支付给上游饲料供应商，饲料供应商收到资金后为农民提供饲料。这种放贷方式使得养鸡户在养殖周期中，仅需为每只肉鸡的饲料款支付 6 分钱的利息，避免了对闲置资金付息，使用成本比传统贷款低了近一半，而且农民也省去了自己购买饲料的麻烦，可以专心进行养殖管理。

在贷后阶段，该模式应用智能监控系统，将风险管理和生产管理有机结合。该系统能够实现对棚舍湿度、温度、饲料投放等指标的实时监控，从而实现对养殖异常情况的识别预警。可以这样说，数字农贷并不局限于对农户授信贷款，而是以此为起点，继续帮助农户做养殖管理，对生产过程进行全程数字化监测，为养殖户提供免费的养殖管理系统、监控系统、物流管理系统等，帮助其建立一套集物流管理、信息流管理和资金流管理于一体的现代化农业养殖管理体系。

（3）数字农贷模式的优势

首先，数字农贷模式解决了农村金融的可获得性难题。如前所述，农户缺乏合法有效的资产担保，在信用评估中信用级别较低，使得金融机构不敢随意贷款给农户，导致农户越来越远离传统金融服务体系。数字农贷模式通过对农业生产养殖过程的深入研究，建立了数字化的量化模型，基于该模型和农户历史养殖数据对农户授信。

其次，数字农贷模式解决了农村金融的信任难题。传统农村金融的风险控制一直是难以逾越的鸿沟。数字农贷模式一方面利用量化模型测算每一笔贷款的风险，在农业生产过程中做到对风险的实时监控，大大提高了贷款人在诸如虚构背调信息等方面的成本，使得骗贷变得"不经济"；另一方面，将信贷资金精准投放到农业生产的各个环节，并不与农户直接发生资金交易，彻底解决了农村信贷中将生产性贷款挪用于生活消费这一"死穴"问题，极大降低了农村金融的信任风险。

再次，数字农贷模式解决了农村金融的运营成本难题。一方面数字农贷降低了农户的资金使用成本，分时分批放贷使得农户只需为每一环节的贷款付息，而无须承担所有贷款在全周期中的使用成本；另一方面，数字农贷极大地降低了单户的信审成本。农村信贷小而分散的特点，决定了传统机构开展农村金融业务所取得的利差收入很难覆盖信审成本，数字农贷在前期投入固定成本搭建数字化的量化模型，使后期单个农户信审的边际成本几乎降为零。因此，数字化技术在农村金融中的应用减少了金融服务提供方和获得方的成本。

最后，数字农贷模式解决了农业生产的管理水平难题。数字农贷模式将农业生产管理与资金管理、风险管理有机结合起来，比如数字农贷在帮助养鸡户管理信贷资金的同时，还帮助农民管理棚舍温度、养殖环境、饲料投放量、出栏时间等，提高了养殖的水平和效率。

数字农贷模式"对事不对人"（即依靠农业生产经营的数据和概率）的信贷逻辑，不仅降低了农村信贷的成本，更促进了农业生产关系和生产力的改造提升。在发展规模化、集约化农业生产的今天，数字金融极有可能是促进小农户融入现代农业的重要路径。

8.2 互联网给农村生活带来创新

互联网特别是移动互联网的发展，正给农村的生产生活带来许多新的改变。网络基础设施不断发展，智能手机价格越来越亲民，网络覆盖率也越来越高，推动了移动互联网的高速发展。与 PC 互联网相比，移动互联网真正突破了时空限制，"一人一机"即可实现更加高效精准的连接与服务。移动互联网的发展从根本上改变了人与人之间的连接模式，实现了更加高效的信息连接与共享，从而不断改变人们的交流以及生产、生活方式。

8.2.1 助力"农民离土不离乡"

我国社会学家费孝通先生终其一生研究我国的城乡问题，提出我国农村发展应当"离土不离乡"，尊重农村人的智慧，尊重农村传承千年的生活方式。我国农村当前发展的很大问题在于中空的人口结构，青年人多选择外出打工，留守儿童和老人相互依存成为常态。如果让农村人口在家乡附近顺利就业，就能增强农村的凝聚力，让城市和农村的发展能够形成费孝通先生提出的城乡二元结构——两者相互连接又各自不同。

我国作为一个农业大国，互联网与农业的深度融合促进了生产力的提升，加快了农产品的流通速度，极大地盘活和繁荣了农村市场。互联网在促进城乡教育公平和医疗资源均衡方面也发挥了积极作用，在一定程度上解决了城乡公共服务资源不均衡的问题。互联网在很大程度上能够让已经离开家乡的农村人通过各种 App 和家乡人进行实时的情感沟通。同时，互联网能够以趋近于零的边际成本，让农村人口得到生产、生活所需的各种信息，享受科技手段带来的生产、生活质量的提升。而这些只是互联网助力可持续发展的部分体现。

8.2.2　网络社群实现高效交流共享

微信这类社交工具经过极大的发展与普及，已经逐步成为网络基础设施的一种形式。一些地区借助微信这一社交软件自发地创建各类微信群，通过社交连接更加高效地进行信息的传递和沟通。这种创新的方式为解决"三农"问题提供了新的思路和方案。

▶ 案例

浙江德清的"乡村振兴群"①

浙江德清县雷甸镇成人文化技术学校（以下简称雷甸成校）的"乡

---

① 案例内容参考《中国教育报》2018 年 8 月 27 日第 1 版的文章《"乡村振兴"群主潘晓利》。

村振兴群"，利用微信群高效地聚集农民及其需求问题，向农民传递培训信息及相关知识，用微信连接各方专家、信息和资源，为解决农民生产生活中遇到的各种问题探索出了新的模式。

（1）农民知识信息获取的痛点

农民在生产生活中可能会遇到很多问题，需要专业的技术辅导。农村信息基础设施建设滞后、农民获取信息渠道不足等带来信息不对称问题。农民遇到困难问题时，很难找到有效渠道以及时获得专业的信息支持。相关的专业机构由于工具手段的限制，很难了解农民遇到的困难，由于人力等方面的限制，也很难有效地去解决这些问题。

（2）雷甸成校的微信群模式探索

雷甸成校校长潘晓利探索通过微信群来解决信息不对称的问题。她建了一个"雷甸成校教育信息发布"的微信群发布通知，微信群建立后一天就有 200 余人加入。通过微信群，老师和学员能更高效地沟通，针对学员没有学透的地方，老师可以第一时间进行微课指导，并且共享各种招工信息。采用微信群的方式大幅提高了培训效率和培训质量。

试点成功后，潘晓利不断进行更多的微信群推广。几年下来，根据不同产业、不同年龄、不同需求，潘晓利精准锁定对象，累计建立 158 个微信群，群友已达 3 万余人。以当地的支柱农产品西瓜为例，有培养新型农民的"创意种植群"，有提高西瓜附加值的"瓜果雕刻群"，还有服务普通瓜农的"创业创富群"……

这些群由潘晓利担任群主，日常管理则由雷甸成校的教师或优秀学员负责，群里会及时推送各种新政策、致富资讯等。同时，潘晓利还邀请院士、专家、教授前来"传经送宝"，请当地的种养殖大户以"师徒结对"的方式带领致富。她还成立了"好帮手"工作室，聚集法律、公安、卫生、医疗等领域的专业人士，及时帮助农民解决遇到的问题。

（3）雷甸成校微信群模式的价值

互联网并非万能灵药，解决农村农民的问题仍旧要依靠潘晓利这群负责任、肯用心、勤勤恳恳的专业人士。互联网为他们提供了一种高效的工具，通过建立各种类型的微信群，将有相关需求和问题的农民聚集到一起，学校与农民之间、农民与农民之间能够充分地进行交流讨论与信息共享，大大提升和扩展了信息获取的效率和边界，不再局限于一村一镇。同时，通过连接各领域的专业人士，利用互联网搭建起一个专业资源的聚合共享平台，能够高效解决农民在生产中遇到的困难问题，创新生产模式，为农民提供更好的指导和服务。

8.2.3 平台助力文化凝聚和经济发展

除了借助微信等社交工具自发地建立网络社群、提高知识信息交流共享的效率外，一些有实力的互联网公司也在建立更加完善、综合的互联网平台，帮助农村地区实现文化凝聚，以及通过资源连接帮助农村地区发展经济。

▶ 案例

腾讯为村开放平台

为了加强农村的移动互联网建设，助力"乡村振兴"，2015 年 8 月，腾讯正式发布了为村开放平台，聚焦"三农"，为农村人口连接情感、信息和财富提供新的手段。

为村开放平台有效地增强了人们的情感连接。在农村，青年外出打工，老人和小孩留守的现象比比皆是。为了增强彼此联系，众多村庄借助为村开放平台，搭建起自己的"网上家园"，散落在天南地北的村民们、漂泊在外打工的青年们，均可通过网上家园了解家乡动态和家乡大事。村民们将一条条动态发布在"乡村动态"栏目，这个栏目就像是微信的朋友圈，实时更新村庄的大事小事，大家通过点赞、评论密切地联系到一起，天涯若比邻。

为村开放平台使得村民接收信息更加便利，将乡村居委会用"大喇叭广播"的形式改成线上通知村务事宜。例如，在党政方面，通过"党建之家"栏目，村民可以及时接收党和国家发布的惠农政策，从而更便捷地获取政务服务；通过查看党员日记，村民可以透明地了解村庄的发展信息，监督党员干部；通过"书记信箱"，与书记直接对话，向书记咨询解决不了的问题，不需要层层上报，避免了因流程过长引发矛盾误会，实现了党员干部和群众点对点联系沟通，共同促进乡村治理"最后一公里"的发展。

为村开放平台利用互联网助力精准脱贫，有助于提高农村经济水平。农村种植分散的特点，加之农民获取市场信息滞后，部分农民盲目跟风种植，极易导致农产品积压，售卖不畅。为村开放平台搭起了农村与外界沟通的桥梁，帮平台上的每一个农村打造出属于它们自己的"互联网名片"。通过"村有好货"，可以在线售卖当地特色农产品；通过产品推荐机制，可将有特色的优质产品推荐至全国各地。借助为村开放平台，农村旅游、民宿等特色产业的发展也日益蓬勃，在带来经济收入的同时，也增加了就业机会，使得越来越多的青年人返乡就业，一定程度上解决了农村空心化、老龄化的问题。

　　截至 2019 年 7 月 4 日，为村开放平台已推动全国 12 000 余个村庄上线，250 余万村民和 13 万党员实名认证加入了自己家乡的为村开放平台，越来越多的农村享受着为村开放平台带来的便利。

8.3　互联网提升农业生产效率

　　我国农业发展模式陈旧，科技含量低，农业生产长期处于低效运行水平。例如，我国人均耕地面积（1.4 亩，约 933 平方米）与荷兰（1.5 亩，约 1000 平方米）相当，但农业生产效率仅为荷兰的 30%。荷兰的农业产值占全国 GDP 的 2%，农村劳动力占全国人口的 3%，而我国则是以近 40% 的人口换取仅占 GDP 9.2% 的农业产值。可见，我国的产业结构和生产效率均有较大的优化和提升空间。

　　互联网向第一、第二、第三产业渗透时，和第一产业的结合最为艰难。互联网领军企业在通过互联网技术释放科技力量、提升农业生产效率方面做了不少尝试，一些领域的探索已经较为成功。

▶ 案例

京东农牧的智能养猪模式

　　京东农牧的智能养猪模式是一套依托人工智能 + 物联网 +SaaS（软件即服务）的智能化养殖方案，能够对生猪养殖进行实时监控和精准饲喂，进而对养殖管理效率进行优化，最终实现从生产到销售的智能化跟踪管理。目前项目经过实际测试，可节约人力成本 30% 以上，每头猪的养殖成本可节约 80 元。

（1）养猪行业的现状和痛点

我国是猪肉的生产和消费大国。近年来随着国家环保政策的日益紧缩，中小散户渐渐退出了生猪养殖市场，养殖的规模化程度逐步提高，但制约生猪养殖行业的一些难题仍然亟待突破。

一是饲料成本居高不下，饲料转化效率偏低。从养殖成本看，饲料成本占比约为 60%，直接决定了养猪企业的赢利空间。以料肉比（饲养的畜禽增重 1 千克所消耗的饲料量）为例，代表国际平均水平的料肉比约为 2.6 ∶ 1，而我国的平均水平约为 2.8 ∶ 1。

二是人工成本之重难以承受。截至 2017 年底，美国生猪养殖平均人工成本约为 1.22 元 / 千克，而我国的平均人工成本约为 3.72 元 / 千克。

三是养殖效率和能力严重偏低。以 PSY（Pigs per Sow per Year，母猪年提供断奶仔猪数）指标为例，目前国内的 PSY 平均水平为 18，国外的 PSY 平均水平为 25 以上，比如丹麦的 PSY 平均水平接近 30，差距十分明显。

四是育种能力亟待提高。我国祖代种猪绝大部分来源于国外，基本处于"引种→维持→退化→再引种"的不良循环中，不仅繁育体系受制于人，疫病防控能力也频繁遭遇挑战，因此改进育种能力也是提高生猪养殖水平的重要一环。

（2）京东农牧智能养猪模式的主要构成

京东农牧的智能养猪模式是一套基于人工智能的"无人"猪场整体解决方案，通过机器视觉、机器听觉、智能大脑等技术对猪场养猪的所有环节进行监控，利用物联网对自研设备进行自动控制，结合易于操作的管理信息系统，从而实现智能养猪。以下介绍该模式的几个系统。

智能监控系统由滑轨车、巡检机器人、估重机器人、点温仪、拾音器等设备构成，主要包括猪只监控系统和环境监控系统。其中，在猪只监控系统中，滑轨车和巡检机器人能够实时监控栏内的生猪数量、每头生猪的生长情况、是否发病和其他异常情况等；估重机器人可以对生猪进行实时体重测量和背膘预估；点温仪能够实时监控猪体温度，从而实时监控生猪的健康状况；拾音器能够捕捉生猪的叫声，比如通过生猪的咳嗽声判断其是否患病，做出疫情预警。环境监控系统对猪舍的温度、湿度、风力、光照、二氧化碳、氨气等方面进行实时监控，采集、分析和对比这些环境因子数据，并通过物联网系统调度风机、卷帘、水帘等设备进行智能调控，通过智能生产与科学管理的方式来改善生猪的生存环境，最终实现健康养殖的目标。

精准饲喂系统主要由自动给料器、猪脸识别软件、半限位栏、防趴卧设备等组成。其中，自动给料器不仅能够定时定量地对生猪进行喂料，实现科学饲养，而且能监测和记录生猪的饲料消耗量，以便管理人员提高饲养效率；猪脸识别软件能够有效识别每头生猪，从而防止其多次吃食带来饲喂不均的问题；半限位栏能够根据生猪的生长状况，实时调节栏位的宽度，进一步准确控制每头生猪的吃食量；防趴卧设备能够防止生猪吃食完后不愿离开而继续吃食，保证猪舍中的每头猪都能定时定量地获食。

SaaS系统负责收集生猪养殖环节中的所有数据和信息，包括生猪成长数据、健康数据、猪舍环境数据等。通过对这些数据进行集中的采集、整理和分析，能够提高生猪养殖的管理效率，实现以数据驱动运营的终极目标，从而提升生猪养殖行业数字化的能力和水平。

（3）京东农牧智能养猪模式的意义和价值

京东农牧的智能养猪模式能够显著提升生猪养殖的管理效率，降低养殖成本，对生猪行业的发展具有重要的促进作用。更为重要的是，这种模式的可复制性并不受制于养殖行业的标准化程度和基础智能设施的发展水平，具有很强的借鉴意义。

智能养猪模式极大地降低了生猪养殖的人工成本和饲料成本。从整体上估算，随着自动化、智能化程度的提高，智能养猪最终可节省80%的人力成本、30%的饲料成本，每头生猪可节省养殖成本150～200元。

智能养猪模式显著提高了生猪养殖的管理效率和水平。我国生猪养殖的自动化设备水平与国外并无显著差距，但在管理能力和管理效率方面却明显落后。智能养猪模式既能在生猪养殖方面做到定量精准地科学饲养，又能利用智能设备对猪舍环境和生猪生长进行实时监控，实现了对生猪养殖的动态管理，管理效率的提升效果不言而喻。

智能养猪模式明显提升了生猪的繁育能力。该模式通过对养殖数据的实时监控，能够在同一批次生猪中识别出哪些生猪的生长状况和健康条件具有明显优势，在此基础上溯源生猪的"族谱"，从而在下一批生猪育种时进行优化配对。这实际上是基于养殖数据对生猪繁育做了一次优化的排列组合。未来该模式可将PSY指标提升到30以上。

智能养猪模式解决了猪肉的食品安全溯源难题。SaaS系统的高度信息化，使得追溯每头生猪的日活动量、采食采水量、饲料品牌、健康状况等信息成为可能。相关数据全部通过机器视觉录入，没有人工干预，极大提高了数据的客观性、可追溯性和不可篡改性，解决了猪肉的食品安全溯源问题。

尾声

近年来，随着可持续发展理念在全球的不断深化，我国使用互联网科技助力农村经济增长，帮助农民不断提升生产生活质量的实践受到国际社会的热切关注。全球不发达地区发展中所面临的困境大同小异，互联网及相关的数字科技正成为一种普适的改变措施。越来越多的国际机构到我国来研究互联网在农村发展方面的应用与创新，希望能够将我国的经验传播到不发达国家，帮助这些国家在基础设施相对落后的条件下，通过移动互联网享受到数字经济红利。

在我国，互联网助力农村可持续发展的局部示范作用已经显现，但同时我们也应清醒地认识到，城乡数字鸿沟、农村信息孤岛等现象依然存在，互联网在助力可持续发展方面的模式尚在探索，用户习惯、用户思维、用户能力方面的培养尚需加强。可持续发展面临的初级问题是如何在经济发展方面做出改善；终极问题则是如何在拥抱数字文明的同时，坚守乡土价值，并在科技的冲击下，解决二者之间的冲突与纠纷。

第九章

互联网改变制造

本章导览

◆ 随着人口红利的下降，加之全球都在掀起新一轮的生产技术革命，互联网的主战场正从消费者市场向产业市场（生产者市场）转移，特别是最为重要的制造业市场。

◆ 面对下一个巨大的蓝海市场，互联网企业、传统制造企业以及基础设备提供商利用各自的优势切入。互联网企业擅长提供连接、数据处理以及用户服务；制造业巨头本身深谙各细分行业的 Know-How（意指技术诀窍）；基础设备提供商则主要从物联网等更为底层的技术解决方案切入。

◆ 在智能制造发展的大势之下，传统企业的数字化转型已经到了不进则退的关键发展期，不同企业的数字化转型呈现出相似的路径：流程数字化、数字化连接、智能化改造以及与行业 Know-How 的无感融合。

◆ 与消费互联网的发展相比，互联网与制造业结合的发展在终端能力、行业差异性、底层平台搭建等方面均呈现出巨大的差异。

引言

过去十几年，我国互联网产业高速发展，目前整体水平已超越许多发达国家，居于全球领先地位。不过我国互联网的发展主要侧重于消费互联网，工业互联网的发展还相对滞后。随着人口红利的下降，消费互联网的发展进入瓶颈期，而发展较为滞后，但市场空间巨大的工业互联网开始受到各方的青睐。

互联网领军企业、制造业领军企业以及基础设备提供商利用已有优势切入工业互联网，互联网的下一个 10 年，将是深入并改变制造业的 10 年。在这一领域我国企业的基础相对薄弱，但国内各个领军企业当下都在践行着创新与改变。消费互联网实践中积累的小步快跑、快速迭代的方法论及互联网行业唯快不破的行动力，将会助力我国企业在互联网与工业深度结合的过程中释放出更多的动能。

对于互联网与工业的融合发展，存在不同的概念，最为常见的是"工业互联网"和"产业互联网"（二者均翻译自 Industry Internet 一词）。尽管在实践中二者存在细节差异，但含义大体一致。工业互联网概念本身偏向于各应用互联技术（例如物联网），实现各产业领域的互联化，但在实践应用中，互联化（侧重通信）、数字化（侧重信息）、智能化（侧重处理）本身密不可分，因此工业互联网概念并不局限于互联化。本章侧重分析互联网改变制造这一主题，除了阐述行业整体的趋势及发展逻辑外，也会在部分小节聚焦于智能制造。

9.1 主战场正从消费者市场向制造业市场转移

经济运行的核心是解决生产者和消费者之间商品和服务的供需匹配问题，供需之间则是从生产者到消费者的复杂链条。互联网作为一种通用技术，其价值核心是服务于生产和消费环节，改善或重构生产和消费各环节以及促进模式创新。直接面向个人消费者、服务于消费市场的互联网可称为消费互联网；直接面向生产组织、服务于生产的互联网可称为工业互联网。

随着人口红利的衰减，加之全球都在掀起新一轮的生产技术革命，互联网的主战场正从消费者市场向生产者市场转移，特别是最为重要的制造业市场。

9.1.1 人口红利正在下降

过去十几年，我国消费互联网高速发展，这直观地体现在网民规模的快速增长上。特别是 2007 年以后，网民数量快速增长，2007—2010 年，年新增网民数量均在 7000 万以上，2011 年网民数量的增长开始明显下滑，但仍然维持在 5000 万以上。但 2014 年，年新增网民数陡降至 3100 万，增长速度也较上年近乎腰斩，此后几年虽然有所恢复，但增长速度持续维持在 5% ~ 8% 低位，具体见图 9-1。

从渗透率上看，我国网民数量仍有上升空间，但主要集中在相对年长的群体，以及中小城市、农村地区的民众，其拓展难度相对较大。

其他数据也同样反映出用户增长速度趋缓的情况。QuestMobile 的数据显示，截至 2019 年 3 月，我国移动互联网月活跃用户规模已达到 11.38 亿，月活跃用户规模同比增长率已从 2017 年 1 月的 17.2% 下降至 2019 年 3 月的 3.9%，见图 9-2。在用户规模增长趋缓的同时，用户的使

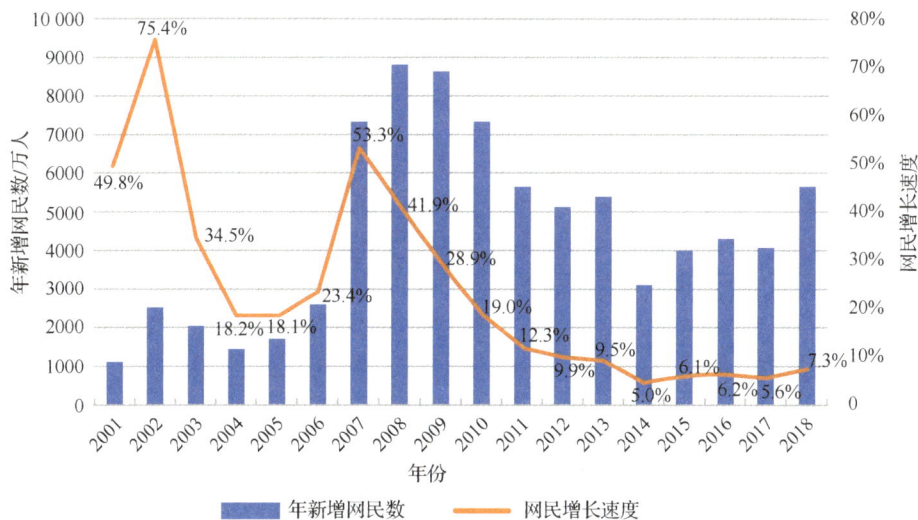

图 9-1　我国年新增网民数及网民增长速度

（来源：CNNIC）

图 9-2　我国移动互联网月活跃用户规模趋势

（来源：QuestMobile）

用时长增长速度也在下降。QuestMobile 的数据显示，2019 年 3 月，我国手机网民月均单日使用时长为 349.6 分钟，较 2018 年同期增加 36.8 分钟，同比增长 11.8%，但无论是绝对增量还是同比增长率，均较 2018 年同期有所下降。

以上数据表明，我国互联网发展的人口红利正在下降。

9.1.2　工业互联网发展滞后

在消费互联网快速发展的同时，我国工业互联网发展则较为滞后。

如图 9-3 所示，以工业和信息化部 2017 年发布的中国 TOP 50 互联网企业和美国 TOP 50 互联网企业的对比来看，美国 B 端互联网企业优势明显。中国 TOP 50 互联网企业中，2C 企业合计 41 个，集中在游戏、社交资讯、电子商务等领域，2B 企业仅 9 个。[①] 而美国 2B 企业合计 38 个，主要集中在企业服务、云计算等领域，占比 76%。

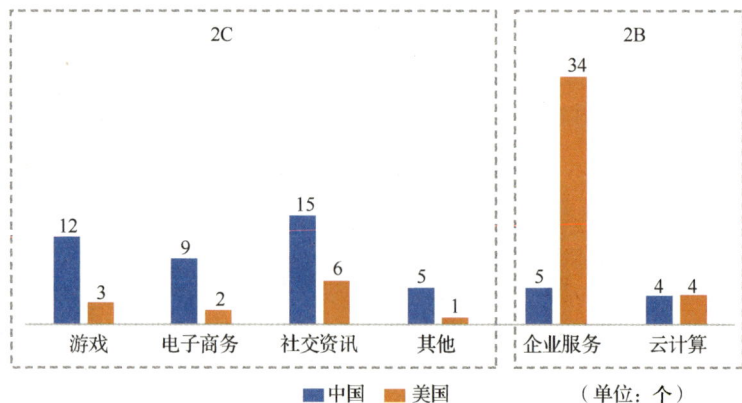

图 9-3　2017 年中美 TOP 50 互联网企业行业分布

（来源：工业和信息化部、彭博、华创证券）

---

① 2C 即商务模式中对 to Consumer（对客户）的简称。2B 即商务模式中对 to Business（对商家）的简称。

我国在人口、经济、发展阶段、市场环境等方面的特征和优势更有利于消费互联网的发展。但如前文所述，随着互联网发展人口红利的下降，网民单纯规模上的高速增长期已经过去，未来互联网公司将进入"精耕细作"的阶段。互联网公司之间的竞争也变得越来越激烈，马太效应[②]越来越明显，绝大部分网民及其使用时长被少数头部互联网公司拥有，互联网获客的成本不断增加，不同公司之间用户的重合度越来越高。QuestMobile数据显示，拼多多与手机淘宝重合用户的规模，由 2018 年 7 月的 10 335万上升至 2018 年 12 月的 13 787 万；趣头条与今日头条重合用户的规模由 2018 年 9 月的 1170 万，上升至 2018 年 12 月的 1621 万。

在这种情况下，消费互联网的成本效益不断发生变化，工业互联网有着尚待挖掘的市场潜力，变得越来越具有吸引力，互联网与制造业的深度融合是其中最具想象空间的领域之一。

9.1.3 互联网深入制造业成为新蓝海

互联网高速增长的下一个蓝海已经开始向服务业和制造业转移，这一趋势也为互联网企业、传统制造企业以及基础设备提供商带来了新的发展机遇。

这种趋势的产生有两方面原因。一方面是随着经济、技术的不断发展，全球开始掀起新一轮生产技术革命，工业互联网、工业 4.0 等概念不断出现和发展。另一方面，在消费互联网的成本效益不断变化的情况下，互联网与制造业的融合成为待挖掘的巨大蓝海。

GE（通用电气）预计，到 2020 年，工业互联网市场的全球规模将达

---

② 马太效应（Matthew Effect）指强者越强、弱者越弱的现象，该词广泛应用于社会心理学、教育、金融以及科学领域。

到 2250 亿美元，其中 1250 亿美元来自软件，1000 亿美元来自软件平台与操作系统，远高于消费互联网 900 亿美元的市场规模。这意味着工业互联网的价值很快会超过消费互联网，为工业企业在效率及创新领域带来前所未有的发展。

9.2　积极布局工业互联网市场

9.2.1　互联网巨头 BAT 的布局

2018 年，BAT（指百度、阿里巴巴、腾讯）等互联网领军企业先后做了组织架构调整，最大的改变就是分离 C 端用户和 B 端用户，分别构建了专门的事业部，如表 9-1 所示。这些公司利用其在消费者市场构建的优势，开始向产业市场不断推进。例如，阿里巴巴和百度主要以云计算为依托，而腾讯除了云服务方面的布局，也开始深耕各个细分行业解决方案，向产业市场推进。

表9-1　2018年BAT组织架构调整，突出2B服务

时间	公司	相关调整内容
2018 年 9 月 30 日	腾讯	新成立云与智慧产业事业群，整合腾讯云、互联网＋、智慧零售、教育、医疗和安全等行业解决方案，推动产业的数字化升级
2018 年 11 月 26 日	阿里巴巴	阿里云事业群升级为阿里云智能事业群。全新的阿里云智能事业群将中台的智能化能力（包括机器智能的计算平台、算法能力、数据库、基础技术架构平台、调度平台等核心能力）和阿里云全面结合
2018 年 12 月 18 日	百度	智能云事业部升级为 ACG（智能云事业群组），同时承载 AI to B 和云业务的发展。ACG 将充分利用百度在人工智能、大数据及云计算方面的技术优势，聚焦关键赛道，为百度打造新的增长引擎

来源：腾讯、阿里巴巴、百度官网。

▶案例

阿里云：ET工业大脑深入各个行业

阿里云的 ET 工业大脑通过 AI 神经元，收集工业制造各个环节中的数据，构建并丰富工业知识图谱，通过云端计算完成流程优化，提升效率。ET 工业大脑支持工业领域 90% 以上的设备与协议，在使用现有设备及不改造流程的基础上，通过传感器将生产数据实时接入 ET 工业大脑平台，并进行优化。ET 工业大脑已经开放了 3 个行业知识图谱、19 个业务模型、7 个行业数据模型以及 20 多个行业算法模型，其架构图见图 9-4。

图 9-4　ET 工业大脑的架构图

（来源：阿里云官网）

ET 工业大脑目前已应用在新能源、化工、重工业等不同的制造领域。以天合光能为例，它是全球领先的光伏组件提供商，在生产中遇到了质量提升的瓶颈。电池片生产工序繁多、工艺极其复杂，依靠传统的分析方式已经很难在品质提升上取得突破性的进展。ET 工业大脑将电池片全生产流程数据进行汇总，识别影响电池片质量的关键工序与核心因素，利用智能算法对核心参数进行优化推荐，并在生产线的对比测试中不断调优，最终帮助天合光能实现了 A 品（检测合格的产品）比例 7% 的提升，帮助天合光能进一步巩固了在行业中的领先地位。

▶ 案例

腾讯：工业互联网的数字助手

腾讯首席执行官马化腾在诠释工业互联网时，强调"腾讯并不是要到各行各业的跑道上去赛跑争冠军，而是要立足做好'助手'，帮助实体产业在各自的赛道上成长，涌现出更多的世界冠军"。也就是说，腾讯在工业互联网的发展过程中，以连接及辅助为自身定位。

腾讯智慧零售战略合作部副总经理田江雪曾表示，腾讯在做助力者，因此没有有形的产品，没有产品路线图，反而是根据每个行业的不同特性和属性，来帮助企业制定真正属于自己的流程、标杆。腾讯在行业解决方案的部分场景或环节中输出的是技术和数据，比如之前腾讯和京东启动的"京腾无界零售解决方案"，就启用了微信小程序进行智慧连接，从而形成线上线下的融合。腾讯还将用户画像、支付接口、营销推广、SaaS 系统等环节无感融合，帮助线下企业进行数字化升级。

战略定位的不同决定了行动方案的不同。腾讯后续推出的工业互联网计划，更多强调的是与合作伙伴及创业者共同开发及深耕各个细分领域，包括智慧医疗、智慧零售、智慧出行、智慧教育、智慧城市等。

9.2.2　传统制造业巨头的布局

传统制造业巨头在推进工业互联网发展方面走的是与互联网公司完全不同的路径，有的聚焦于智能制造领域，有的则致力于打造工业互联网平台。例如，富士康是典型的从内发力，以机器人为切入点，用机器人来固化并标准化输出各行业顶尖从业者的专业技能，全面提升机器人在生产线上的应用；海尔选择与 GE 和西门子等智能制造引领者同台竞技，构建工业互联网平台；三一重工则依托机械制造及应用的优势，构建工业智能神经网络。

▶ 案例

富士康以机器人为先锋，全力推动智能制造

在智能制造方面，富士康是最早付诸实践的企业之一，其实践过程如表 9-2 所示。

表9-2　富士康的智能制造实践

时间	实践
2006 年	提出发展机器人的规划，从麻省理工学院聘请自动化专家
2007 年	专门成立自动化机器人事业处
2008 年	机器人开始投入生产
2009 年	15 款名为 Foxbot 的机器人开发完成，被应用于喷涂、装配、搬运等工序
2011 年	提出以日产千台的速度制造 30 万台机器人，最终"三年造一百万台机器人"的计划
2014 年	提出在 5 ~ 10 年内利用机器人生产机器人的计划
2015 年	提出在未来 3 年内完成 70% 的人力由自动化设备、机器人取代的计划

机器人替代人类从事更多重复、繁重的工作，已经成为大势。这也在不断推动我国传统制造业从劳动密集型向技术密集型转变。

除了推动机器人在制造领域的全面应用之外，富士康也在努力打造工业园区。我国智能制造面临的普遍问题是，生产线上依旧在工作的老旧设备很难被一次性淘汰，旧设备的智能化升级成为关键。富士康与英特尔共同提出联机解决方案，解决了现有老旧设备智能化的问题。该方案通过传感器、智能网关来实现园区内所有生产设备的互联互通，以及各个平台的数据采集，从而实现了从设计到制造的全流程数字化的过程。

此外，富士康还致力于将园区的各项技术开放给上下游供应商，使园区成为产业链的实验基地，计划在2022年将深圳龙华园区建设成为"微硅谷"。龙华园区将拥有精密机构件、模具、刀具、光学、物理、软件、半导体、设计等中心，以及云端处理、云计算、雾计算、人脸识别、数据传送、无人商店等技术和应用，还有诸多新材料，这些都可以向上下游的合作伙伴开放。

▶ 案例

海尔COSMOPlat将用户引入工业互联网平台

COSMOPlat是海尔推出的、引入用户全流程参与体验的工业互联网平台。海尔利用COSMOPlat将用户需求和整个智能制造体系连接起来，让用户参与到产品设计研发、生产制造、物流配送、迭代升级等环节中，以"用户驱动"来解决大规模定制化制造的难题。

COSMOPlat重构了产品设计的流程。在工业互联网诞生之前，产品流程是从设计到制造再到用户。而 COSOMOPlat 平台以用户为起点开始设计流程，形成信息反馈及流通的闭环。设计师将海量用户细分为社群，通过深度的用户交互分析，了解用户痛点，针对用户痛点来设计产品。未来，每一个小众的梦想都可以得到成全和实现。

COSMOPlat 平台可以帮助企业不断提升定制化订单的比率，降低产品入库率，从而减少运营资金的周转天数。这些效果已经在海尔内部的互联工厂实现。COSMOPlat 平台已复制到建陶、家居、农业、服装等 12 个行业，并涉足 20 个国家和地区，实现了跨行业、跨领域的扩展与服务。

▶ 案例

三一重工：以连接为基础，构建智能制造的神经网络

产业链中占据重要地位的核心企业依托自己在行业中的优势地位，促成了行业不同主体的连接。例如，三一重工依托机械设备制造领域的龙头地位，着力打造智能制造神经网络，构建了以下 4 种能力。

第一种能力：采集、存储、分析数据

在生产端，三一重工收集智能制造所需要的一系列制造数据，包括机械所需的原材料、生产周期、研发数据等。

在产品端，自 2008 年起，三一重工基于自主研发的控制器和智能器件、专用传感器等终端，实现了 6143 种状态信息的低成本实时采集，涉及泵车、挖机、路面机械、港口机械等 132 类工程机械装备的位置、油温、油位、压力、温度、工作时长等，实现了全球范围内 212 549 台工程机械的数据接入。至 2016 年 11 月，共积累了 1000 多亿条的工程

机械工业大数据。

在产业链端，通过对设备360°全生命周期的管理，为客户提供基于机器或设备的数据分析、故障预测、产品设计、运营支持及商业模式创新等工业互联网领域一站式解决方案服务。

第二种能力：将所涉及的人、物、场和流程数字化

三一重工自主开发ECC（企业控制中心），将MES（制造执行系统）、ERP（企业资源计划系统）、PDM（产品数据管理系统）等有机统合，实现了智能生产的数字化、高效化。数据能力的增强帮助三一重工持续扩大经营范围，从机械制造、售后服务到供应链金融、保险服务，实现了主业和辅业的搭配覆盖。

三一重工的MES衔接ERP以及PDM，根据现场需要，整合研发数据以及ERP的核心数据。而在现场生产过程中，再向这些系统反馈生产进展，其流程见图9-5。

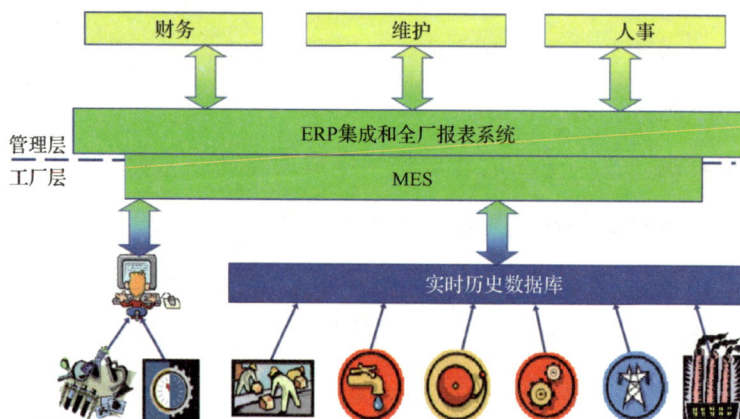

图9-5　三一重工的MES工作示意图

（来源：京东数科研究院）

第三种能力：平台化

三一重工基于业务流程实现端到端横向集成，包括对制造商、供应商、零售商、客户等整条供应链上各方之间的协同和管理，起到中控和连接的作用。

此外，ECC 能提供远程诊断、一线服务、二线服务、物流管理、远程监控、故障解决等功能，把相关的人连起来，形成完整的闭环。目前 ECC 累计接入设备超过 20 万台，构建了基于大数据的远程诊断和服务系统。每台设备交付客户使用后，系统内都会自动产生保养订单，并自动派单给服务工程师，使客户逐步摆脱了设备故障只能求助工程师现场服务的传统模式。

第四种能力：动态优化、自我迭代

随着数据和模型构建能力的积累，三一重工发布了工业互联网平台"根云"，持续投资超过 10 亿元。该平台利用 IaaS、PaaS 层的大数据存储和运算能力，快速提升机器运行效率，并将物联网技术与工业生产力相结合，具有广泛的适用性。借助该平台，三一重工不仅能高效完成设备分析、预测和运营支持，还实现了从设计、制造到提供租赁和维护服务，再到大数据分析服务等一系列商业模式上的创新。利用云计算和大数据，"根云"平台将生产设备和仓储系统等独立单元连接起来，远程管理庞大设备群的运行状况，不仅实现了故障维修 2 小时内到现场、24 小时内完成，还大大减轻了备件的库存压力。

9.2.3　基础设备提供商发挥重要连接优势

互联网企业擅长连接、数据处理以及用户服务，制造业巨头本身深谙各细分行业的 Know-How，互联网与制造业结合的第一步在于物联网，只有当所有物体都能够连接的时候，才有可能带来数据的交换、流程的数字化以及降本增效，因此，提供可互联的设备的基础设备提供商也成为这个市场中不可或缺的一员。

▶ 案例

华为提供工业互联网全场景解决方案

华为认为工业互联网包含数据、模型、服务三大核心要素，以及云计算、大数据、AI、物联网四大使能技术。相比其他工业互联网企业，华为的工业互联网战略布局较为全面，从园区的全面连接到数据处理，以及行业"Know-How+数据"的解决方案，华为都有典型应用案例输出。

华为于 2018 年发布了 FusionPlant 工业互联网平台。该平台主要由 4 层构成：边缘计算、工厂内外网络、可信 IaaS 层、工业 PaaS 层。这与众多工业互联网平台具有显著的区别。

生产流程方面，华为与 SAP 公司共同为比亚迪公司实现系统的全面提升。首先，升级原有系统的供应链平台，对原有 ERP 系统进行升级；其次，打通企业内部的各个系统，如在生产线设备和仓库管理系统之间实现自动化集成。

采用华为 SAP HANA 一体机整体解决方案之后，比亚迪的部分重要业务响应时间从以分钟为单位缩短到以秒为单位。通过对历史库存数据和生产数据的分析，减少了人工干预，降低了生产成本，并加快了供应链的响应速度，整体实现生产流程优化，以及生产过程的数据透明化。

平台能力建设方面，华为帮助广东鑫航智能科技构建了 IoT 智慧协同平台。广东鑫航智能科技成立于 2017 年，是一家面向模具产业生态圈、以提供工业互联网服务为主的专业服务商。为协同及赋能生态合作伙伴，鑫航智能依托华为云 ROMA 集成平台，借助平台边缘计算能力，帮助模具行业龙头企业——深圳市银宝山新公司接入生产设备，并提供设备的状态监控以及耗品管理和维修保养服务。在该平台的帮助下，银宝山新的机床设备稼动率提升了 30%，刀具损耗率降低了 15%，生产效率得到了极大提升，生产浪费也显著降低。

智能工厂方面，华为联合石化盈科为中石化承建智能工厂试点企业。通过大数据和机器学习算法，采集炼化生产的信息来保障油品质量；优化炼化生产中的化学反应过程，动态调节炼化过程中原油、燃料、催化剂的用量，从而达到产耗最优。

华为 FusionPlant 使能石化盈科 ProMACE 平台，实现劳动生产率提高 10% 以上，先进控制投用率、生产数据自动化采集率达到 90%，外排污染源自动监控率达到 100%。

9.3　融合发展的趋势与展望

智能制造是互联网释放新动能的下一个蓝海。不过互联网与制造业结合时的发展和消费互联网的发展有很大的差异。

9.3.1　智能制造：互联网释放新动能的下一个蓝海

互联网释放新动能的下一个蓝海在智能制造领域，这已经成为业界的共识。在消费端，与用户零距离接触的消费服务市场在七八年间完成了在各个细分行业的跃升变迁，新的服务方式、新的服务场景从根本上改变了行业格局。互联网在消费者市场爆发的巨大潜能已经开始不断向制造业市场渗透，从总体市场规模到对实体经济发展的推动作用，都远远大于已经成为红海的消费者市场。

近年来，国家不断出台法律法规和政策，支持高端装备制造行业健康、良性发展，如表 9-3 所示。

表9-3 2011—2019年我国智能制造行业政策文件汇总一览

颁布时间	颁布单位	文件名称
2011 年 12 月	国务院	《工业转型升级规划（2011—2015 年）》
2012 年 3 月	科技部	《智能制造科技发展"十二五"专项规划》
2012 年 5 月	工业和信息化部	《高端装备制造业"十二五"发展规划》
2012 年 7 月	国务院	《"十二五"国家战略性新兴产业发展规划》
2016 年 12 月	工业和信息化部、财政部	《智能制造发展规划（2016—2020 年）》
2016 年 12 月	工业和信息化部、国家发展改革委	《信息产业发展指南》
2017 年 4 月	科技部	《"十三五"先进制造技术领域科技创新专项规划》
2017 年 11 月	国务院	《关于深化"互联网＋先进制造业"发展工业互联网的指导意见》
2018 年 6 月	工业和信息化部	《工业互联网发展行动计划（2018—2020 年）》《工业互联网专项工作组 2018 年工作计划》
2018 年 8 月	工业和信息化部、国家标准化管理委员会	《国家智能制造标准体系建设指南（2018 年版）》
2018 年 11 月	工业和信息化部	《新一代人工智能产业创新重点任务揭榜工作方案》

来源：中商产业研究院。

在这样的大势之下，传统企业的数字化转型已经到了不进则退的关键发展期。各个企业依托自身优势，建立企业生态圈，虽然切入点各有不同，但对比各个领域领军企业的切入策略，我们可以看到非常相似的路径。

首先是流程数字化，所有人员、设备、场景、流程、管理、品控等关键环节都能够数字化；其次是建立数字化连接，将企业内部运营的各个系统打通，提升实时沟通及响应速度；再次是智能化改造，通过 AI、机器学习等技术，对数据进行分析，优化管理及运营流程，提升效率；最后是与行业 Know-How 无感融合，实现从设计、生产、运营、物流到售后的全流程的无感融合，让数据和连接真正发挥价值。

9.3.2 工业互联网与消费互联网的发展差异

与消费互联网的发展规律相比，互联网与制造业结合时的发展规律有很大差异，具体如下。

终端能力不同

消费互联网的终端连接的是人；而工业互联网的终端需要由传感器来读取各种数据。消费互联网终端的智能化有着制造业无法比拟的优势。

在消费互联网市场，终端连接的人都是相似的。人们可以不断适应环境，改变使用习惯，有新的应用或者新的操作出现时，人们学习的过程全部是自我完成的，并可以不断升级，领军企业只需要花一定的耐心来培育市场。很多时候，爆款的出现、病毒式的传播都可以在很短的时间内，让人们适应新的产品、新的玩法以及新的商业模式。

相比之下，工业互联网首先需要相对低廉的终端传感器的大规模铺设及应用。只有终端传感器分布足够广泛，才有可能实时产生及采集数据。虽然物联网时代的到来已经是必然的趋势，但低廉、多样、可持续的终端的出现及广泛的铺设和应用还需蓄势。

行业的差异化不同

消费互联网无论在哪个细分行业发展，其服务对象始终是消费者，因此，在服务方式上还是大同小异，无论是 BAT 还是后起之秀，都可以看到以人为本、将用户需求琢磨到极致的发展路径。利用产品满足用户需求的方式也较为类似，通过手机端点外卖、购物、交友、阅读，趋同性远高于差异性；在消费互联网的线下部分，外卖小哥、电商小哥甚至是专车司机，彼此的工作方式具有极高的相似度。

反观制造行业，各个行业的制造、面临的对象、需要的工艺流程、加工的工序都是千差万别的。以 GE 为例，GE 铺设终端传感器时，选择的目标对象是全球的旋转设备，因为转动的机械原理及工作方式相对单一，可以用有限的参数来判断机械设备的运转状态。但如果换作车床或者铣床，操作方式较为复杂，就很难建立统一的数据模型来判断机械设备是否在正常工作。仅仅是机械本身的差异，就足以让工业巨头花费数年甚至更久的时间来探索解决方案，可想而知，跨行业、跨产品的统一方案的可行性会是很大的问题。

底层平台的搭建不同

消费互联网的演化过程中，依托的底层平台非常统一。从非智能手机到智能手机的转换，从塞班操作系统到智能手机操作系统（安卓和 iOS）

的转化，在短短几年时间内就全部完成了。主要原因是，手机制造产业链上的主流制造商数量很少，几大行业巨头的联盟就可以勾勒并搭建出新的生态系统。开放的环境让更多的从业者有了平台和工具，可以利用众包的力量，在短时间内完成对各个细分领域的突破。

而工业互联网的底层平台比消费互联网要复杂得多。机器和机器之间的互联互通需要有相对统一的标准、网关以及通信协议。即便是最大体量的制造业巨头，也只能在相关的领域中构建部分平台。此外，工业制造中各种核心数据是制造企业竞争力的保障，平台顺畅运作的核心将会是企业和企业之间的数据、上下产业链之间联通的数据，以及需要不同主体之间协作的数据，在保证数据安全的前提下进行协同和沟通。

互联网扮演的角色不同

消费互联网中，互联网企业连接与赋能的属性非常鲜明。通过连接以及通用工具的建立，各个被触达的用户可以自己构建生态体系之内的工具和内容。

对于互联网与制造业的结合，单从参与方的角度来看，互联网企业就已经不再独占鳌头。软件提供商、传统制造企业、基础设备提供商都成为重要参与者。

此外，越来越多的从业者认识到，工业制造这么多年构建的行业关键知识、技能和对行业的深度理解才是工业互联网的关键。数据和连接下沉为工业互联网的必要条件。数字世界对制造的复现，再结合大数据、AI 等高新科技，能够帮助优化生产和管理流程。通过行业 Know-How 来利用数据、利用科技，优化生产和管理结构，才能打造真正的工业互联网。行业专家如果没有多年积累的对行业的深刻理解，就不可能提供真正有价值的行业解决方案。因此，工业互联网领域更多地倾向于让行业专家去应用互联网技术，而非让互联网专家去理解行业。互联网在其中更多地扮演的是数字助手的角色。

尾声

通过与消费互联网的对比，我们可以预测，工业互联网的发展在各个领域的渗透速度会低于消费互联网的爆发速度。每个细分领域智能化的速度也会有巨大的差异。在工业互联网时代，不太会出现像消费互联网阶段几大巨头涉猎多个领域，并且能够在短短几年之内成为决定性主导者的情况。更有可能的情况是，在每个细分领域，原有的制造业领军企业在彼此的数字化进程中角逐，发展速度较快的企业能够尽早推出细分行业通用的解决方案。此外，在行业中从事专业制造多年的专家将会是人才竞争的重点关注对象，在不久的将来，大数据、云计算、AI 可能仅作为通用的辅助工具供企业使用。

目前的互联网企业很可能会出现一两个巨头，专门提供 AI 算力的开发。当 AI 和云被用作公用计算和存储工具的时候，行业专家就只需了解这些通用工具的使用方法，将更多的精力放在行业解决方案的设计上。每个细分领域内的竞争会相对激烈，而跨领域的通用解决方案相对有限，更多的是出现工具类的插件。

创新没有止境，消费互联网的发展也未走到终点，但互联网主战场正向更加复杂纵深的产业市场转移。对于我们来说，这种趋势显得尤其重要，一方面是因为我国消费互联网发展的红利空间正在减小，成本效益的变化正推动各个参与方进入发展相对滞后的生产性服务领域；另一方面，我国制造业规模于 2010 年开始便已超过美国，并持续位居全球第一，但在技术、效率、质量等方面与发达国家仍有一定差距，积极抓住、追赶甚至引领下一轮互联网带来的技术革新，对于推动制造业的转型升级乃至我国整体经济的转型升级都意义非凡。

　　面对未来，从宏观层面到微观层面，互联网企业和制造业企业都应锐意进取。

专家观点

安不忘危，行稳致远

（网络空间安全战略预警与决策支撑
工业和信息化部重点实验室副主任　张传新）

科技改变中国，互联网改变世界。作为 20 世纪最伟大的发明之一，互联网深刻地改变了人类的生产和生活、学习和工作。自 1994 年全功能接入国际互联网以来，凭借着巨大的人口红利、庞大的市场规模、卓有成效的行业监管和伟大的创新精神，中国实现了跨越发展，后来居上，成了名副其实的互联网大国，为世界互联网的发展贡献了中国力量、提供了中国经验。

互联网在诞生之初，选择了开放和去中心化的技术架构，这就决定了互联网的发展具有一定的无序性和野蛮生长的天然特点。我们在接受互联网开放性和去中心化激发的创新和创造活力，乐见互联网惠及民生、推动经济社会进步的同时，也需要时刻提防互联网潜藏的风险隐患。作为一项技术发明，互联网是堆满宝藏的阿里巴巴宝库；然而，如果运用不当、管理缺失，它同样可能是装满邪恶的潘多拉魔盒。

对于经济社会而言，随着我国"互联网＋"行动计划的深入推进，互联网将与传统产业进行深度融合。互联网在为传统产业赋能的同时，也伴随着风险的加剧。这些风险，一方面来自互联网自身存在的安全漏洞和危机。网络的开放性，意味着它具有脆弱性和易受攻击性。比如，金融、能源、通信、交通等领域的关键信息基础设施是经济社会运行的神经中枢，这些设施一旦遭遇破坏或袭击，将影响一个行业的正常运转，进而危及社会秩序、国家安全。近年来国外发生的多起关键信息基础设施遭遇安全攻击的事件，已经为我们敲响了警钟、拉响了警报。另一方面，"互联网＋"不断拓展深入，也催生出新的安全风险，并且是"风险＋"，尤以互联网金融行业为典型代表。2018 年出现的 P2P 借贷平台大面积违约、倒闭甚至跑路，是这一行业的风险大规模集中爆发的体现，牵涉面之广，涉及资金量之大，令人咋舌。P2P 借贷平台的无序生长严重扰乱了正常的金融秩序，极大危害了民众的切身利益。再如近年来兴起的所谓"校园贷""套路贷"，以"低利息""免抵押""超便捷""低风险"为幌子，诱使不少偿还能力低、涉世未深的学生深陷各种骗局之中。不良网络借贷给受害者造成了严重的经济负担，带来了巨大的身心伤害，甚至引发了暴力逼债、自残自杀等触目惊心的恶性事件。

对普通网民来讲，个人信息泄露成为遭到民众诟病的互联网行业野蛮生长的顽疾之一。个人信息泄露已成为一种全球性的公共灾难，其背后有深刻的"互联网逻辑"。互联网公司掌握着大量的用户数据，当用户享受着更精确的推荐、更便捷的服务时，也将面临更多未知的风险。根据媒体报道，多地反诈骗中心数据显示，目前电信网络诈骗案件 90％ 以上是违法分子靠掌握公民详细信息进行的精准诈骗。2016 年发生的"徐玉玉被电信诈骗案"，就是一起犯罪分子利用非法获取的个人信息实施诈骗的典型案件，案件促成相关部门对电信网络违法犯罪的联手重拳打击。此外，网络水军、网络数据操纵等灰色地带蕴含着巨大的商业利益，由此形成了庞大的灰色产业链。以网络数据操纵为例，网络数据不仅满足并制造了大量需求，还直接影响了民众的行为模式和选择方式。购买商品看电商平台的评价，浏览新闻看热度排行和网民评论，这些都体现了网络数据的影响力。一旦这些网络数据受到平台或资本的操纵，那便意味着民众的选择也被操纵，而选择者却不自知，这就是一个巨大的风险。暗网更是一个黑色地带。暗网创造了一个试图脱离监管、复杂隐蔽的"暗黑系淘宝"，成为助长网络犯罪的重要工具。应对暗网及其衍生的风险是监管层需要面对的严峻挑战。

互联网企业作为互联网行业发展的受益者，也理应成为互联网风险治理的责任者。2016年4月19日，习近平总书记在网络安全和信息化工作座谈会上对此有过精辟论述和明确要求，"一个企业既有经济责任、法律责任，也有社会责任、道德责任。企业做得越大，社会责任、道德责任就越大，公众对企业这方面的要求也就越高"，"希望广大互联网企业坚持经济效益和社会效益统一，在自身发展的同时，饮水思源，回报社会，造福人民"。当前，互联网已经成为社会的基础设施，互联网企业（特别是部分巨头企业）获得了巨大的社会影响和治理权力，成为规则的制定者和执行者，自然应当承担更大的社会责任，履行更多的社会义务。

面对互联网带来的机遇和挑战，十八大以来，以习近平同志为核心的党中央重视互联网、发展互联网、治理互联网，走出了一条中国特色治网之道，形成了习近平总书记关于网络强国的重要思想。在发展方面，坚持以人民为中心的发展思想，大力加强网络基础设施建设，强化信息资源共享，加大信息扶贫力度，让亿万人民在共享互联网成果上有了更多的获得感。以创新、协调、绿色、开放、共享的新发展理念为指引，大力推动数字经济发展，做到以发展促安全。在网络治理方面，持续提高网络综合治理能力，形成党委领导、政府管理、企业履责、社会监督、网民自律等多主体参与，经济、法律、技术等多种手段相结合的综合治网格局，网络空间日益清朗。特别是 2017 年 6 月 1 日起正式实施的《中华人民共和国网络安全法》，作为我国网络安全领域的基础性法律，提出了网络空间主权等一系列重大原则，在国家安全审查、关键信息基础设施保护、网络运营者义务、个人信息保护等方面进行了一系列重大制度创新，对于维护我国网络空间安全、维护广大人民群众切身利益具有深远意义。在国际合作方面，以习近平总书记提出的网络空间命运共同体为指引，积极倡导全球互联网治理体系变革"四项原则"和构建网络空间命运共同体"五点主张"，广泛参与网络空间国际合作，为全球网络空间的安全稳定与繁荣发展贡献中国智慧。

面对互联网，人类的未知远远大于已知。我们需要保持敬畏之心，理性地对待互联网发展过程中的无序性和野蛮生长，依靠更高质量的发展、更先进的技术、更合理的监管，推动互联网走向有序和健康，建设网络良好生态，积极推进网络强国的建设。

未来互联网是什么模样，我想即使最伟大的预言家也无法充分预测。既然如此，那就让我们积极应对，主动作为，以实际行动迎接和创造更加美好、更为文明的互联网时代！

互联网时代下的新挑战与新应对

（中国电子信息产业发展研究院电子信息产业

研究所副所长　陆峰）

互联网进入中国 20 多年来，在我国大地上的生动实践开展得如火如荼，对金融、制造、公共服务等各行各业都产生了积极影响，对人民群众的生产生活方式走向多元化也起到了关键的助推作用。

然而热潮之下，我们需要冷静反思。在从互联网大国向互联网强国迈进的过程中，我们面临着数据治理和网络安全两大挑战，积极应对、抢先部署，才能实现让互联网更好地造福人民，提升国力。

挑战一：数据治理

数据是基础性、战略性资源，是发展数字经济、构建智慧社会、建设数字中国的关键和核心支撑。随着互联网、大数据、云计算、人工智能和实体经济的深度融合，数据作为一种潜在的资产，已经成为各方争夺的焦点和重点。大规模个人数据非法交易、个人数据滥采滥用、企业数据利用纠纷等问题频发，对保障企业和个人信息安全、维护市场秩序、保障国家信息都构成了严重威胁。加强数据治理，刻不容缓。

具体来说，目前我国在数据治理方面主要面临以下问题和挑战。

缺乏正常的数据交易渠道。 目前，各政务部门和金融、物流、铁路等重点行业的数据资源都封闭在系统、部门和单位内部，形成了"鸡犬之声相闻而老死不相往来"的信息孤岛，社会、企业、个人都缺乏正常获取信息的渠道。同时，电子商务、网络社交、搜索引擎等领域的互联网企业，大都是通过建设数据开放平台，以收费信息服务等模式推进部分数据的开放，开发利用深度非常有限，而且门槛极高。

数据资源缺乏全生命周期管理。信息系统建设和日常运维以及大数据挖掘过程中，缺乏对数据的全生命周期管理，管理不周、内部窃取成为数据源泄露的重要原因。

重要漏洞未能及时发现和修补。网络防御、数据溯源等相关技术存在短板，重要信息系统和网络平台漏洞未能及时发现和得到修补。

个人信息安全防护措施薄弱。个人信息保护技术攻关研究和推广应用步伐滞后，技术支撑能力不足，存在不成熟、未体系化、缺乏普适效用等一系列问题。

个人信息开发利用标准规范缺失。个人信息范围、权属和使用权限等标准缺失，法律法规跟不上，尤其是缺乏针对网络平台和大数据挖掘情况的个人信息界定和使用的规范，致使很多个人信息开发利用处在灰色地段。

非法交易传播渠道未能及时切断。非法数据交易信息的互联网传播渠道尚未被及时、有效切断，多部门协同打击的常态化机制尚未建立。

网络化监管治理模式尚未建立。目前大部分非法数据交易都是基于互联网展开，具有高技术、跨时空、数量大等特性，对监管部门网络化、平台化和在线化监管手段提出了更高要求。

行业自律尚未发挥作用。缺乏信息保护行业自律公约，重点企业和重点行业在各类信息保护方面的引导和示范作用尚未发挥。

针对以上问题，建议采取以下措施。

树立正确的大数据发展观。坚持发展和安全双轮驱动原则，既要鼓励和支持大数据应用，又要同步做好安全风险的防范，积极稳妥推进大数据应用。

鼓励发展大数据交易服务。推进大数据交易平台建设，支持各地大数据交易所和交易中心建设，提供深度数据挖掘服务。

加快数据流通交易规则制定。加快制定大数据发展法律法规，明确数据所有者权益，规范数据控制者和处理者的权责以及相应法律责任。

强化数据全链条安全管理。加强对信息系统和网络平台开发、建设、运维过程中的数据安全全链条管理，确保数据安全保障不出现环节短板。

加快大数据算法深度治理。建立大数据算法公开制度，从社会伦理、法律法规、商业合规、技术安全等角度广泛接受社会监督，确保算法合情合法合规。

构建新型数据综合治理机制。加快形成政府监管、企业履责、社会监督、网民投诉等多主体参与，经济、法律、技术等多种手段相结合的数据综合治理格局。

提高监管执法在线化水平。建设国家级数据安全保护执法监管平台，提高执法监管网络化、平台化、在线化水平，建立常态化、普遍化、在线化的数据安全保护执法机制。

提高数据治理技术支撑能力。加快构建政府数据治理网络大平台，强化大数据和人工智能技术深度应用，推进数据治理的数字化、网络化和智能化，提升实时应急响应和协同联动能力。

强化行业自律制度建设。 加快制定数据采集、流通、开发和利用的行业规范和标准，加快形成数据治理方面的行业共识，提高行业自律能力。

增强法律法规的可操作性。 出台《中华人民共和国网络安全法》相关条款的司法解释、实施细则、操作指南和技术标准，提高法律引导性和可操作性。加强法律法规宣传，提高用户保护个人数据安全意识，确保用户数据不被非法途径采集和窃取。

挑战二：网络安全

2018 年 4 月，习近平总书记在全国网络安全和信息化工作会议上的讲话中提到，没有网络安全就没有国家安全。

网络空间是人类技术进步和应用普及拓展的发展新空间，已经成为世界各国培育经济发展新动能、塑造国家竞争新优势、推进可持续发展的重要抓手。世界主要大国围绕网络空间展开了激烈争夺和对抗，对国际竞争、经济全球化、世界政治经济格局调整都产生了重大和深远的影响。

具体来说，目前我国在网络安全方面主要面临以下问题和挑战。

网络空间关键基础设施和关键基础资源受制于人。 由于国际互联网发源于美国，美国利用先发优势掌控了国际互联网的关键基础设施和关键基础资源，形成了对全球各国互联网发展的把控和威慑，占据了大量优质地址资源，造成了全球网络地址资源分配严重不均，对包括我国在内的互联网业务快速崛起的国家形成了资源遏制。

互联网关键核心技术和核心应用自主可控水平低。路由器、服务器、操作系统、数据库和应用程序等软硬件是互联网运行和应用的要素，关系着互联网运行安全和价值发挥。美国在全球网络信息产业发展领域形成了无可比拟的优势。我国等其他国家的网络信息产业都是建立在美国的网络信息产业基础之上，犹如玻璃瓶一样透明，无遮无拦，又如摩天大厦缺少根基一样不牢固。

网络空间战略防御和有效威慑能力薄弱。网络空间已经成为继陆、海、空、天之后的第五战略要地，是各国主权不可分割的一部分。围绕网络主权，国家之间的争夺和竞争越来越激烈。与发达国家相比，我国的网络空间战略防御和有效威慑能力比较薄弱。

针对以上问题，建议采取以下措施。

加快构建新一代网络基础设施体系。加快网络基础设施建设和网络空间应用基础设施建设，构建一体化的国家大数据中心，完善统一的绿色安全数据中心标准体系、互联互通的分布式网络存储支撑体系、资源共享的灾备应急响应体系。

推进网络信息产业全链条自主创新。充分利用大国大市场和体制机制等优势，加快构建核心电子元器件、高端芯片、基础软件等网络信息产业关键技术、核心技术自主创新机制，统筹资金、人才、需求、政策等多方面资源，集中力量实施重点突破工程。

建立安全可靠的网络安全保障体系。完善国家网络安全管理制度，健全网络安全态势感知、安全事件预警预防及应急处置机制，建立统一高效的网络安全风险报告、情报共享和研判处置机制，进一步提升对网络安全事件的应急处置能力。

　　随着互联网、大数据、云计算、人工智能和实体经济的深度融合，我国需要加快建立正常数据共享交换、流通交易渠道，完善和细化相关法律法规，增强执法操作性，以减少各类信息系统数据被窃取和泄露的事件的发生。

　　随着经济社会活动向网络空间的拓展，我们必须深刻认识网络空间面临的风险和挑战，加快构建新一代网络基础设施，推进网络信息产业全链条自主创新，建立安全可靠的网络安全保障体系，加快构建网络空间战略防御体系，提升网络安全，为维护国家安全保驾护航。

　　人类发展的历史上，基础的技术革命推动着社会融合，让文明在一段时间内积聚、成长、跃升。例如，大航海时代带来物种大交换，解决了人们最基本的食物供给不足问题，同时也带来欧洲资本主义的兴起；电的发明让机器开始广泛应用于各个领域，催化工业革命进程，带来工业文明突飞猛进的发展……

　　我们这一代人很荣幸能够亲历计算机带来的信息技术革命。互联网在短短 20 多年的爆发式发展中，其展现的力量已经足以让我们意识到，我们经历的时代变革将会超越大航海时代以及前几次工业革命带来的变革。

　　我国互联网在萌芽到爆发的这 20 多年间，从追随到引领，也经历了跨越式成长。第一批互联网公司，如搜狐、百度、人人网等，都是创业者看到美国特定的商业模式以后，将其引入中国的。而随着各个细分领域的不断创新，互联网在社交、金融、生活等领域的应用不断迭代，我国转而成为全球数字经济发展的取经之地。

　　由基本物质资源的争夺引发的竞争乃至战争在人类历史中很常见。糖和茶的生产、棉花的生产、橡胶的生产、石油资源的开发等，都在直接或者间接地改变人类命运。而信息时代，互联网带来的最大的改变是由信息替代原子，信息可以近乎零成本地复制并传播，在实体物质资源投入有限的情况下，通过信息的交换带来成本的降低或是效率的提升，从而摆脱了资源的局限。可以说，互联网带来的数字经济发展突破了传统经济增长的上限。当可持续发展成为世界主旋律时，发展实体资源消耗甚少的数字经济也被纳入各国的发展战略之中。

数字经济在促进经济增长的同时，也大大提升了人们生活的幸福感和获得感，更好地满足了人们对高效、便捷、平价的生活质量的需求。从某种意义上讲，互联网覆盖了最广大的受众，让每个接入互联网的人都享受到了数字红利。

互联网给各个行业带来的是变革性的创新改变，很多领域都是实践先行，监管防守，这大大提高了监管的难度。我国政府在互联网行业高速成长的过程中，展现了高超的监管智慧。在鼓励创新的同时，政府密切跟进行业前瞻动态，探索出了包容性监管的路径。各地政府在"互联网+"行动计划落地方面给予了极大的政策鼓励和发展空间，甚至在金融科技这样关乎整体金融系统稳定的领域，政府都给出足够的包容态度。我国在探索中前行的互联网企业将成为全球的典范。

同时，我们也要认识到我国互联网发展的不足，从而发挥长处，突破短板，砥砺前行，保持下一个阶段的高速增长。

第一，我国互联网的创新长于应用创新，在技术创新方面，我们还是跟随者。我们缺少像乔布斯、马斯克这样能够从0到1构建出一个巨大商业空间，并且彻底改变人们生活方式的创意引领者。如果把全球互联网发展比作一个公司，我国的角色更像是CTO（首席技术官），通过技术来实施和执行已有的创意。虽然在技术精进的道路上，我国以稳健的速度在不断前行，但仍缺乏突破性的创意。

有一个可能的原因是，美国持续创业成功的企业家，在创意引领方面更加自由。他们在第一次创业中积攒了成功和失败的经验，同时积累了足够的财富，因而能够在下一次创业中专注于突破性创新，并有足够的经济保障，能够在"创一代"（创业大军中的成功者）不愿冒进的领域开创出新的道路。而我国第一批创业者才刚刚成功，值得期待的是，我国"创一代"的年龄越来越小，未来大有可期。

第二，互联网的规模效应带来的红利在接下来的 10 年将越来越弱化，基础产业的布局和发展成为根本，夯实实体产业的基础性建设，才能在接下来的 10 年有稳健的进步。数字经济发展的基本规律是，趋近于零的边际成本让规模经济成为主导。在数字经济的世界中，通常是强者越强，赢家通吃。在细分领域中，领军的前三名企业通常会占据 50% 以上的整体市场份额。头部企业的并购和整合也成为常态。

接下来的 10 年，互联网将开始脱虚向实，更深入地融入生产与制造的每一个环节中。我国实体产业在改革开放之后有了质的飞跃，但和西方发达国家相比，还有不小的差距。我们在制造业中以代工起家，在引进技术的同时，不断学习，努力超越。我们要找到数字世界和原子世界结合的优势互补之路，才能保证在未来成为持续的赢家。

没有事情是完美的，但瑕不掩瑜，意识到可能的局限能帮助我们更全面地认识并剖析问题。同时，我们也要有足够的安全与风险防范意识。随着人工智能和大数据的广泛应用，我们的世界将变得越来越智能，也越来越依赖数据、算法与数字世界的规则。人工智能应用的先驱领域——自动驾驶，最先面对的不是技术的争议，而是有关人工智能伦理的大讨论。人工智能赖以发展与前行的数据资源被认为是新的生产要素。但如何保障数据安全？如何保护数据隐私？人工智能将会带来的新一轮社会发展效率与公平的平衡问题如何解决？诸如此类问题都已经超越技术本身，成为人类社会发展最根本的关乎规则的讨论。

技术始终只是手段与工具，互联网带来的数字经济是当前人类社会发展最为普惠、最有力量的工具。用好互联网技术，造福于人类命运共同体，需要我国与世界的共同努力，需要身在其中的每一个人携手同行。